润滑技术"每日一课"

# 船舶航空润滑与特种油液

主　编　杨俊杰
副主编　王长清　魏朝良

石油工业出版社

## 内 容 提 要

本书主要包括船舶润滑油脂及其应用、航空油脂液、橡胶油（增塑剂）及其应用、防锈油脂及其应用、金属加工液与链条油、电力系统与电气绝缘油、有机热载体与白油、八类特殊产品及其关键指标、润滑油的八大理化指标及其检测、润滑基础油及其应用等内容。本书包含85节课程，方便读者利用碎片时间学习。

本书可作为设备润滑管理人员、润滑脂销售和研发人员的培训教材，其他相关人员也可参考使用。

## 图书在版编目（CIP）数据

船舶航空润滑与特种油液/杨俊杰主编. —北京：石油工业出版社，2019.7

（润滑技术"每日一课"）

ISBN 978-7-5183-3494-0

Ⅰ.①船… Ⅱ.①杨… Ⅲ.①船舶-润滑油②航空器-润滑油 Ⅳ.①U677.4②V317.1

中国版本图书馆CIP数据核字（2019）第142476号

---

出版发行：石油工业出版社
   （北京安定门外安华里2区1号 100011）
  网  址：www.petropub.com
  编辑部：（010）64269289
  图书营销中心：（010）64523633
经  销：全国新华书店
印  刷：北京中石油彩色印刷有限责任公司

---

2019年7月第1版 2019年7月第1次印刷
787×1092毫米 开本：1/32 印张：7.5
字数：200千字

---

定价：40.00元
（如出现印装质量问题，我社图书营销中心负责调换）
**版权所有，翻印必究**

# 《润滑技术"每日一课"》
# 编 委 会

主 任：肖宏伟
常务副主任：宫伟军
副 主 任：孙树好　孙艳波　李晓东　周敬成
　　　　　刘中大　王金波
编　　　委：伏喜胜　姜卫华　杨俊杰　屈智煜
　　　　　李　楠　王子坚　郑鹏宇　闫好强
　　　　　朱有秀　李德春　汤仲平　李韶辉
　　　　　王长青　刘宗海　糜丽萍　马书杰
　　　　　徐小红　周亚斌　杨晓钧　侯育闯
　　　　　吴　键　黄胜军　谢平平　吕会英
　　　　　张大华　汪利平　郎需进　付　佳
　　　　　毛丰吉　马国梁

# 《船舶航空润滑与特种油液》
# 编 写 组

主　　编：杨俊杰
副 主 编：王长清　魏朝良
编写人员：张　杰　李　静　王俊明　郎需进
　　　　　王会娟　刘　妍　王　栋　彭　立
　　　　　朴吉成　赵　巍　冯青姣　周　康
　　　　　程　亮等

# 序 一

润滑油是工业机械和运动设备的"血液",广泛应用于汽车、铁路、航空、船舶、军用装备、冶金、水泥、造纸、煤炭、油田、石油化工、电力等所有工业领域,以及人民生活的方方面面。合理有效的润滑不仅可以延长机械和运动设备的使用寿命,节约维修成本,还可以促进节能减排。随着中国经济的持续稳定发展和转型升级,润滑油脂在机械设备中的重要性越来越大,真正成为机械和运动设备不可或缺的"血液"——最重要的"流动部件"。

全国上下正在党的十九大精神鼓舞下,以永不懈怠和勇往直前的精神状态,为建设新时代中国特色社会主义而撸起袖子加油干,全面推进"一带一路"倡议和全球命运共同体新实践。为实现"中国制造2025"、从中国制造到中国创造,工业设备仍然是各类经济活动的重要基础,无论高铁、航空航天、海洋运输、机器人、无人机和机床精密制造,都需要更加精准可靠的润滑,润滑技术及其实践都需要一个更大的提升,特别要向着以客户及其设备为焦点、市场和应用为中心,着眼将技术转化为现实的价值。

为此,我们在《合理润滑技术手册》(2011版)基础上,从设备、客户和市场出发,以问题为导向、以科技理论和实践经验为支撑,重新梳理了润滑技术,并组织编写了本套丛书,以期为业界提供一个"用碎片化时间,学习系统化知识"的崭新平台。丛书初步拟定分为《车船润滑油脂及车辅产品》《工业润滑油脂及其应用》《润滑脂及其应用》《航空船舶润滑与特种油液》《润滑油脂分析评定与监测》以及《润滑培训每日一课》6册,由中国石油润滑油公司润滑技术资深专家、昆仑学校副校长、中国内燃机学会和汽车工程师学会常务理事杨俊杰教授担纲主编，由中国石油润滑油研发中心、产品设计中心和昆仑学校各领域专家团队合作完成。

中国石油润滑油公司是集研、产、销、服务为一体的专业化公司，拥有润滑油及其添加剂研究开发的国家级团队，有责任也有能力为中国经济发展中的各种尖端机械和运动设备提供良好润滑。昆仑润滑正在以营销、研发、品牌、"互联网+"、海外"一带一路"和人才等六大战略为核心，全景式展开"3369"发展蓝图，践行"360度服务成就未来"的发展理念，以"提升客户体验、创造客户价值和守护青山绿水"的三个新主张，塑造昆仑润滑"军工品质、大国重器"的形象。

本套丛书的编辑出版，在促进昆仑润滑油发展的同时，也必将成为机械、运动设备和润滑油行业技术沟通的"桥梁"，为机械设备各行业合理选择润滑油提供帮助，为您的设备加油助威，为您的事业成功助力！

我们不奢望一套丛书就能够从根本上改变由来已久的粗放润滑局面，但我们相信天道酬勤，付出努力不一定成功、不付出努力却一定失败，我们愿尽己之能，为中国产业升级、润滑水平提高有所贡献。

中国石油润滑油公司
党委书记、总经理

# 序　二

中国润滑油业务从20世纪50年代初创到现在，已经过去了60多年，经历了独立自主的初创阶段、计划经济的短缺时代、改革开放的大发展阶段，现在进入了全球化的竞合升级阶段。在润滑油业务发展的历程中，润滑油知识和技术建设，从"六五"开始经过近20年集中攻关，基本解决了中国润滑油基础油和调和方面的技术问题，同时添加剂技术开始萌芽，卢成秋先生的文集和欧风先生的《合理润滑技术手册》就是这个阶段重要的知识结晶。

21世纪以来，国际上机动车排放和节能所推动的发动机技术进步，极大地影响了中国的润滑油行业。加氢基础油加快了应用，柴油机油继汽油机油之后进入规格快速升级阶段，工业润滑油的性能有了全面提升，多年来润滑油行业所说的"高档化、低黏化和清洁化"趋势变成现实，润滑油的各种名称没有太多变化，但是规格标准和监测方法都已有了巨大变化。为此，2011年在中国石油润滑油公司的支持下，由笔者担任主编，由石油工业出版社出版的《润滑油脂及其添加剂》一书，是从技术和理论出发，对润滑油和添加剂技术进行了一次全面更新。

党的十八大以来，中国经济进入新常态，国民经济各个行业都在经历由大变强、从制造到创造的转型飞跃。润滑油行业也进入了从被动应对家门口的国际竞争，到以业务创新支持中国创造的新时代，更加需要聚焦市场、聚焦客户、聚焦问题。而信息化时代，行业和职业变化加快，不仅同业竞争日益加剧、跨界"打劫"也时有发生，一方面人们的时间碎片化已成必须面对的现实，另一方面很难指望学生期间学到的知识在入职后可以受用终身。如何利用好碎片化时间，进行系统化的学习和终身学习,是我们每个人适应新时代的重要课题。

本套丛书正是为了适应新的形势,为广大润滑油业界人员,提供一个利用碎片化时间、系统化学习润滑技术的基础,是中国石油润滑油公司为实现"做强技术""做优服务"和"做大品牌"三个定位,所进行的一项标志性工程。

需要提醒读者的是,利用碎片化时间的学习,不能仅仅停留在被动地接受碎片化信息和知识,那样会被信息所淹没,甚至出现认知混乱,使人难以集中精力;真正的学习是,主动将碎片化的信息和知识,及时消化理解、实践检验并整理归纳到自己的系统化知识结构中,才能变成可以应用自如的有效智力。自身的知识系统和碎片化信息之间,就像是皮与毛,或者是植物的根茎和枝叶的关系,再好的枝叶随机采来很快就会枯萎乃至腐坏,只有适时嫁接到坚实的枝干上,才能变成新的生命体,不断焕发蓬勃的生机,这才是学习和成长。笔者自己就是在投身润滑油行业20余年时间里,从书本上建立理论框架,从生产研发和营销实践中,从客户和三代润滑油技术专家身上,得到了不少碎片化的知识,然后再及时整理完善润滑技术的知识框架,以便能够在产、研、销、服的各种具体情景下,结合实际灵活应用。

本套丛书是从问题出发,聚焦市场和客户关切,同时又以科学理论和实践经验为基础,所进行的一次知识梳理。本套丛书汇集了各位编著者多年的理论和实践经验,并经过多次讨论调整、修改。力图做到理论与实际相结合,每个课件能够集中阐述一个问题,尽量做到"问题导向、逻辑完整、图表支撑、数据点睛",以便为润滑相关各行业广大读者提供一套解决问题接地气、灵活易读好消化、科学系统可持续的工具书,但仍难免有不尽人意、甚至错误之处,恳请广大读者给予批评指正!

# 前　　言

近年来，随着航空航天与船舶行业的蓬勃发展，市场对高品质、高性能的润滑油产品的需求日益增长。润滑油行业升级的号角已经吹响，市场细分逐渐加强，高端用油领域需求扩张，环保节能日趋主流，随之而来的是特种油市场的快速发展。当下，润滑油市场挑战与机遇并存，《船舶航空润滑与特种油液》一书，将为广大读者提供一次利用碎片时间系统化学习润滑油相关知识的宝贵机会。

本书分别从船舶润滑油脂及其应用、航空油脂液、橡胶油（增塑剂）及其应用、防锈油脂及其应用、金属加工液与链条油、电力系统与电气绝缘油、有机热载体与白油、八类特殊产品及其关键指标等章节，对船舶航空润滑油及特种油液进行了多维度、全面系统的分析与阐述，充分满足读者深入学习润滑油知识的需求。为了方便读者参照应用，本书专门设置了与各类油品相关的《润滑油八大技术指标及其检测》和《润滑基础油及其应用》两章。

本书深入浅出，图文并茂，内容丰富，专业性与可读性兼具，理论与实践有机结合，视角多样、信息多元，为读者快速了解航空船舶润滑油与特种油的分类、性能、应用及市场发展前景奠定了基础。

全书由杨俊杰、王长清、魏朝良审核定稿，在编审过程中得到马书杰、李德春、苗云飞等专家指导。本书能够成功出版，离不开中国石油润滑油公司领导以及昆仑润滑学校毛丰吉老师在出版过程中的大力支持,在此一并表示衷心感谢。

由于编者水平和精力所限,书中难免存在不足之处,恳请广大读者给予批评指正!

# 目　　录

**1　船舶润滑油脂及其应用** ………………………………… 1
　1.1　船舶发动机分类及其润滑 ……………………………… 2
　1.2　船用与陆用柴油机的区别 ……………………………… 6
　1.3　舰船通用柴油机油及分水试验 ………………………… 8
　1.4　生物可降解艉轴用油两大核心要求 …………………… 11
　1.5　硫排放控制区及船用燃料油 …………………………… 13
　1.6　船舶发动机"缸套—活塞环"的典型磨损 ……………… 16
　1.7　船用润滑油的监测与科学采样 ………………………… 18
　1.8　船舶主要装备及其润滑 ………………………………… 21
　1.9　船舶润滑脂及其应用 …………………………………… 25

**2　航空油脂液** ………………………………………………… 28
　2.1　航空发动机润滑油评价测试 …………………………… 30
　2.2　航空发动机润滑油及其应用 …………………………… 32
　2.3　直升机传动系统润滑油 ………………………………… 34
　2.4　航空燃料及其应用 ……………………………………… 36
　2.5　航空活塞式发动机润滑油 ……………………………… 41
　2.6　航空涡轮燃气发动机润滑油 …………………………… 43
　2.7　航空液压油 ……………………………………………… 45
　2.8　航空冷却液 ……………………………………………… 47
　2.9　航空润滑脂产品及发展 ………………………………… 48

**3　橡胶油（增塑剂）及其应用** ……………………………… 50
　3.1　橡胶增塑剂的分类及橡胶油的应用 …………………… 52
　3.2　橡胶增塑剂矿物油的四个关键性能 …………………… 54

I

3.3 石油系增塑剂橡胶油的分类 ………………… 56
3.4 昆仑橡胶增塑剂矿物油及应用 ……………… 58
3.5 不同类型充油橡胶和充油制品的充油特性 …… 61
3.6 环保型橡胶增塑剂芳香基橡胶油 …………… 64
3.7 橡胶增塑剂使用常见四个问题 ……………… 66

## 4 防锈油脂及其应用 …………………………… 68
4.1 防锈油脂及其分类 …………………………… 70
4.2 防锈油脂性能评价方法 ……………………… 72
4.3 除指纹型防锈油 ……………………………… 74
4.4 溶剂稀释型防锈油 …………………………… 75
4.5 防锈脂和气相防锈油 ………………………… 77
4.6 润滑油型防锈油 ……………………………… 79
4.7 静电喷涂防锈油 ……………………………… 81
4.8 轴承和链条防锈油 …………………………… 83
4.9 防锈油脂的选用 ……………………………… 85

## 5 金属加工液及其应用 ………………………… 87
5.1 金属加工液的主要类型 ……………………… 89
5.2 水溶性切削液的调配及维护 ………………… 91
5.3 铝合金切削液的选择与维护 ………………… 93
5.4 金属加工液的分析评定 ……………………… 95
5.5 金属轧制乳化液颗粒度分布 ………………… 97
5.6 乳液润滑剂离水展着性能 …………………… 99
5.7 液压支架用乳化油或浓缩液 ………………… 100
5.8 链条油的分类及用途 ………………………… 102
5.9 链条油的应用及选择 ………………………… 104

## 6 电力系统与电气绝缘油 ……………………… 106
6.1 电力系统及变压器的工作原理 ……………… 108

|   |     |                                   |     |
|---|-----|-----------------------------------|-----|
| 6.2 | 变压器油的分类 | ············ | 110 |
| 6.3 | 变压器油的作用 | ············ | 111 |
| 6.4 | 变压器油的维护 | ············ | 113 |
| 6.5 | 未运行变压器油中乙炔超标的原因及对策 | ··· | 115 |
| 6.6 | 换流变压器用绝缘油 | ············ | 117 |
| 6.7 | 电力机车绝缘油 | ············ | 119 |
| 6.8 | 高燃点绝缘油 | ············ | 121 |
| 6.9 | 变压器油技术服务的"望闻问测" | ··· | 123 |

## 7 有机热载体与白油 ············ 125

| 7.1 | 有机热载体及其性能 | ············ | 127 |
|---|---|---|---|
| 7.2 | 有机热载体传热系统及其维护 | ············ | 129 |
| 7.3 | 有机热载体的分类及选用 | ············ | 132 |
| 7.4 | 有机热载体的使用及监测 | ············ | 134 |
| 7.5 | 白油及其分类 | ············ | 136 |
| 7.6 | 工业白油及其应用 | ············ | 138 |
| 7.7 | 化妆品级白油及其应用 | ············ | 140 |
| 7.8 | 食品医药级白油及其应用 | ············ | 142 |
| 7.9 | 食品级润滑油脂 | ············ | 144 |

## 8 八类特殊产品及其关键指标 146

| 8.1 | 基础油应用中最重要的五个指标 | ············ | 147 |
|---|---|---|---|
| 8.2 | 工业白油应用中最重要的四个特性 | ············ | 150 |
| 8.3 | 有机热载体应用中最重要的四个指标 | ············ | 153 |
| 8.4 | 防锈油脂应用中要特别关注的五个要素 | ············ | 156 |
| 8.5 | 液压支架液应用中最重要的四个指标 | ············ | 159 |
| 8.6 | 变压器油应用中最重要的五个指标 | ············ | 162 |
| 8.7 | 橡胶油应用中的四项重要指标 | ············ | 166 |
| 8.8 | 气柜密封油及其五大特性 | ············ | 170 |

## 9 润滑油的八大理化指标及其检测 ……173
### 9.1 润滑油的外观与颜色 ……175
### 9.2 润滑油的密度与相对密度 ……177
### 9.3 润滑油的黏度与黏度指数 ……180
### 9.4 润滑油的闪点和燃点 ……184
### 9.5 润滑油的机械杂质与清洁度 ……186
### 9.6 润滑油的水分 ……188
### 9.7 润滑油的残炭与灰分 ……190
### 9.8 润滑油的酸值和碱值 ……192

## 10 润滑基础油及其应用 ……194
### 10.1 润滑基础油的历史演化及组成结构 ……195
### 10.2 润滑基础油的分类及六大理化性质 ……198
### 10.3 矿物基础油的生产工艺 ……201
### 10.4 PAO 基础油及其应用 ……203
### 10.5 POE 基础油及其应用 ……208
### 10.6 PAG 基础油及其应用 ……213
### 10.7 废润滑油及其再生技术 ……215
### 10.8 再生基础油的应用 ……222

**参考文献** ……224

# 1 船舶润滑油脂及其应用

船舶,特别是大型远洋运输船舶是一个巨大的机械和社会系统,其中包含发动机、液压系统、齿轮、冷冻机等各类用油机械设备,是设备润滑的重要领域和特殊样本。

本章从船用发动机技术、环保法规、船用燃料、船用油技术及分类、船舶发动机磨损形式、油样监测分析等五个方面,简明系统地阐述了船用润滑油相关的技术和应用问题,以期为船用油客户和营销服务人员解决实际应用中对设备和润滑知识的需求,倡导科学的选油和用油理念。

## 1.1 船舶发动机分类及其润滑

船舶发动机按照在船舶中的作用，分为主机和副机。主机一般采用大功率的低速二冲程柴油机驱动螺旋桨，副机多用中速或高速柴油机驱动发电机。低速柴油机，一般转速小于300r/min，在现实中大部分在100r/min上下；船用中速柴油机，一般转速为300~1500r/min；船用高速柴油机，一般转速大于1500r/min。

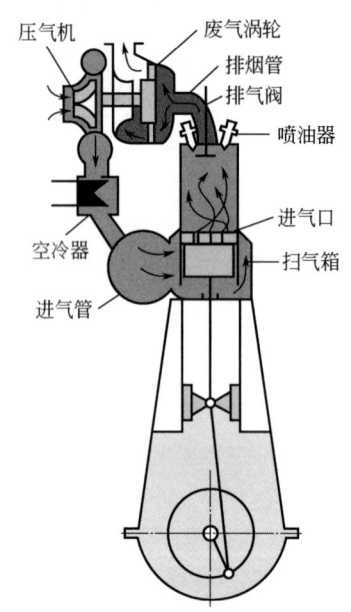

柴油机按照燃烧循环可以分为二冲程和四冲程柴油机。二冲程柴油机每个工作循环曲轴转一转；进气过程在下止点附近完成，进气过程包含在排气过程中，进气的同时还可帮助排气，称为扫气。四冲程柴油机每完成一个工作循环，曲轴要回转两转，每个工作循环中只有膨胀行程是对外做功的。

低速柴油机转速低、缸径大、冲程长、输出功率大，一般采用直列气缸、二冲程、十字头结构。用沿导板滑动的十字头连接活塞杆与连杆，活塞通过活塞杆经十字头与连杆连接，导向作用由十字头承担。低速柴油机用作主机时可以直接驱动螺旋桨，可省去减速齿轮箱等设备，还能进行反转操作，使用燃料油，运行成本较低，多为大型商船采用。低速柴油机品牌主要集中在曼（MAN）、中船温特图尔（原瓦锡兰二冲程业务）、日本三菱重工等三大生产商。

电控技术已经在低速船舶柴油机上得到应用，相比传统凸轮轴控制燃油喷射，电控技术能够使主机燃烧控制更准确、效率更高、更低碳，能有效控制和满足排放标准。电控主机与传统主机最大的区别是取消了凸轮轴，燃油泵、排气阀和气缸润滑的动作均由电子系统进行控制。

中速柴油机一般常用作驱动发电机的副机，但在内河航运船舶、近海航运船舶、工程疏浚船、公务船舶中也常用作主机，此时需要通过减速齿轮箱带动螺旋桨，或者直接配备可变螺距螺旋桨。中速柴油机生产商相对分散一些，有瓦锡兰（Wartsila）、曼（MAN）、马克（Mark）、洋马和大发柴油机等。

近年来液化天然气（LNG）作为清洁能源逐渐得到业内认可，但 LNG 基础设施尚不完善，船舶自身存储能力有限，单纯使用 LNG 船舶续航力有限。在这种背景下，四冲程双燃料发动机应运而生，逐渐应用到船舶上。一方面燃烧液化天然气成本更为低廉，另一方面全球天然气的储量非常丰富，双燃料动力主机既能在单一燃料状态下工作，又能在双燃料间方便地转换，具有极强的灵活性，有利于船舶利用传统燃油供应点的覆盖网络提高续航能力。双燃料动力船舶在运营过程中，主机以燃烧 LNG 为主，柴油作为引燃燃料仅占总耗油量的 10%~15%；可以实时控制引燃柴油量、天然气喷射量和喷射缸数，使主机达到最低燃料消耗；在气体模式下可以满足国际海事组织三级排放要求，大幅减少排放。

不同的船用发动机需要不同的发动机润滑油，其中大型低速十字头二冲程柴油机一般使用气缸油和系统油；中速筒状活塞柴油机使用中速机油；高速四冲程柴油机使用高速发动机油。

（1）气缸油，用于润滑船用低速十字头二冲程发动机气缸。二冲程船用发动机功率大、转速慢，通常使用高硫重质燃料，在燃烧过程中会产生大量的酸性物质，容易腐蚀缸套和活塞环，并加速磨损。气缸油一般要求有良好的清净分散性，良好的承载特性和边界润滑性，良好的酸中和能力和快速的扩散性能，主流黏度牌号为SAE50，碱值根据燃料油硫含量的不同有25BN、40BN、70BN及100BN等。

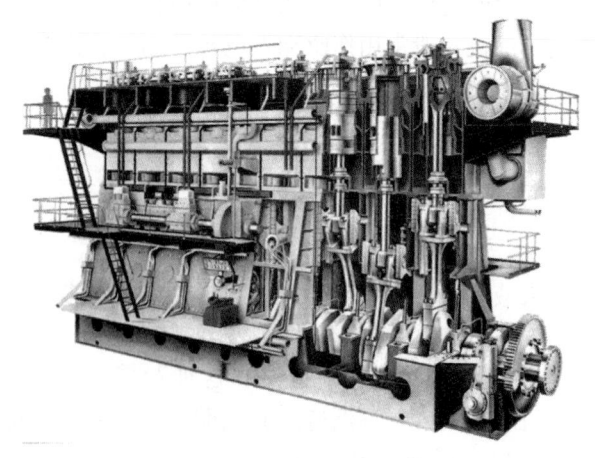

（2）系统油，用于润滑低速十字头二冲程柴油机曲轴箱。系统油容易受到海水、油泥等污染，加之有长周期使用的要求，一般需要良好的抗乳化能力并容易与水分离，良好的氧化安定性，良好的清净分散性，良好的抗锈蚀性能和较好的承载能力。常用主流黏度为SAE30，碱值通常为5~10BN。

（3）中速机油，用于润滑中速筒状活塞式船用柴油机。中速机可包含多达20个缸，成对排列或V形排列，经减速齿轮箱或推进器连接。润滑油润滑活塞、轴承等，同时也要润滑齿轮箱。发动机燃料一般为重质柴油或燃料油，要求中速机油具有良好的氧化安定性；足够的碱值，以中和酸性物质，防止腐蚀磨损；优良的清净分散性；良好的分水性能等。主流产品黏度为SAE40，碱值通常为12~40BN。

**中速机油推荐用油规范**

| 燃油硫含量, % | 中速机油总碱值, mg KOH/g |
|---|---|
| 3.5~4.0 | ≥40 |
| 1.0~3.5 | 30 |
| 0.5~1.0 | 12/15 |

（4）高速发动机油。高速四冲程柴油发动机常作为高速渡船、缉私船和高速渔船等的动力，或者用作船上辅助发电机、应急救生设备等。这些发动机一般可选用 CF-4 或 CD 等质量级别的柴油机油，要求具有较高的碱值、清净分散力、抗氧抗磨性等，能有效地将烟及氧化物分散在油中，避免沉积在机械表面，延长机油的使用寿命。

## 1.2 船用与陆用柴油机的区别

船用柴油机因其体积功率大、可燃烧重油、带动螺旋桨等特点，与陆用柴油机在启动系统、燃油系统、冷却系统和转向系统四个方面有显著不同。

（1）启动系统。陆用柴油机启动通过启动电动机带动飞轮完成，而船用二冲程柴油机或者大型四冲程柴油机扭矩很大，通过飞轮不能达到其发火转速。船用柴油机的启动方式是通过将具有 2.5~3.0MPa 压力的压缩空气加在活塞上，按柴油机的发火顺序在膨胀行程之初引入气缸，代替燃气推动活塞，使柴油机达到启动转速，完成自行发火。

船用发动机的启动系统，同时还有制动作用，倒顺车运转时还可以利用压缩空气来刹车和帮助操纵。主要工作流程包括压缩空气瓶提供压缩空气；启动控制阀通过压缩空气控制主启动阀和空气分配器；主启动阀向气缸启动阀提供主压缩空气；气缸启动阀每缸一只，向缸内充入压缩空气；空气分配器控制气缸启动阀的开启。

（2）燃油系统。一般燃油费用支出约占船舶营运成本的50%，为节省费用通常燃用质量较差的重油。这就需对重油进行净化处理，包括加热、沉淀、过滤和离心分离、供给，核心设备是对燃油进行离心分离的分油机。

分油机利用燃油、水分和机械杂质的密度不同，让需净化的燃油进入分油机中做高速旋转，由于离心惯性力不同，各组分会沿径向重新分布，密度较大的水滴和机械杂质所受的离心力最大，被甩向外周；油处于中间，从靠近转轴的出口流出，得到净化。

（3）冷却系统。陆用柴油机一般通常用风扇对冷却液进行冷却，而船用冷却系统则复杂很多，包含高温淡水系统、低温淡水系统、海水系统。海水系统冷却低温淡水系统，低

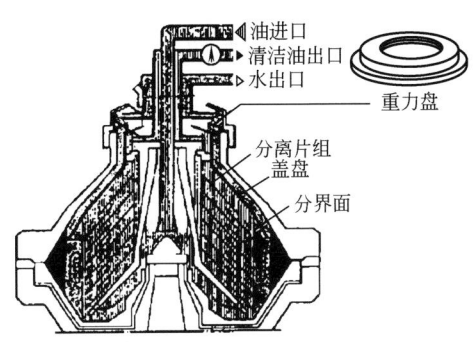

温淡水系统冷却高温淡水系统。低温淡水系统用于空气、润滑油的冷却,高温淡水系统用于缸套水和涡轮增压器的冷却。

在启动柴油机前,对柴油机冷却系统、润滑油系统进行预热,俗称暖机,目的是减小启动后由于温度突变产生的热应力,改善启动性能和发火性能,减少气缸内的低温腐蚀等。同时启动冷却水循环泵、润滑油循环泵给机体各部件加温和向各运动摩擦表面供应润滑油。

(4) 换向装置。陆用柴油机不需要具备换向功能,而直接与螺旋桨相连的船用柴油机就需要具有换向功能。柴油机先停车,然后反向启动,就可以实现反方向运转。为此,船用柴油机装备一套换向装置,可以改变启动、喷油和配气正时,以满足反向启动和反向运转对正时的需求,也就是通过凸轮控制,以解决柴油机换向需要改变空气分配器、喷油泵和进、排气阀等的凸轮与曲轴相对位置的问题。

## 1.3 舰船通用柴油机油及分水试验

舰船通用柴油机油,是为了适应海军装备现代化、可靠性和品种简化而开发的经典产品。长期以来,海军舰船柴油机一直使用没有分水性能要求的陆用型柴油机油,难免因润滑油进水产生严重油品乳化问题,造成舰船频繁换油,不但影响了作战和训练任务的完成,而且浪费了大量宝贵的油料。另外,舰船所用柴油机油品种多,质量级别从 CA、CC 到 CD 不等,黏度牌号有 SAE30、SAE40 和 SAE50 等,形成不同的柴油机油 10 余种,给舰船油料的供应、管理和使用带来了极大的不便。

舰船通用柴油机油,能够同时满足舰船二冲程和四冲程柴油机,低速、中速、高速柴油机的使用要求,具有优异的分水性、高温清净性和优良的润滑、抗磨、防锈等性能,取代了 CD40、14 号舰用低增压、CC30 及 CC40 等 8 种不同黏度和质量等级的柴油机油,适用于各型舰艇柴油机和辅助机械,其技术性能和通用化程度达到了世界发达国家的先进水平。

在海军 7 个舰艇大队包括 052 导弹驱逐舰、035 潜艇、037 猎潜艇以及登陆舰在内的 20 余型战斗和辅助舰艇使用,不但具有良好的润滑、防锈、抗泡沫、抗氧化性能和分水性能,还有效降低了磨损,延长换油周期 30% 以上,最大限度地延长装备的使用寿命,为装备性能的发挥和作战能力的提高奠定了坚实的基础。从根本上解决了舰艇柴油机油遇水易乳化、换油频繁、品种牌号多、保障困难等长期困扰海军油料使用的一系列重大难题，使海军舰艇90%以上的柴油动力装置润滑得到统一，大幅简化了柴油机油品种，极大方便了油料筹措、运输、储存和使用，降低了管理费用。

舰船通用柴油机油质量指标和典型数据

| 项　　　目 | 质量指标 | 典型数据 | 试验方法 |
| --- | --- | --- | --- |
| 运动黏度（100℃）$mm^2/s$ | 12.5~14.5 | 13.6 | GB/T 265—1988 |
| 黏度指数 | 不小于90 | 101 | GB/T 1995—1998 |
| 倾点，℃ | 不高于-15 | -18 | GB/T 3535—2006 |
| 硫酸盐灰分，% | 不高于1.5 | 1.32 | GB/T 2433—2001 |
| 总碱值，mg KOH/g | 不低于9 | 9.82 | SH/T 0251—1993 |
| 分水性（水层/乳化层），mL | 不小于1.6/不大于0.5 | 1.80/0.00 | SH/T 0619—1995 |
| 抗水洗性（碱值/灰分下降率），% | 不大于12/10 | 3/4 | GJB 4220—2001 附录A |
| 液相锈蚀（合成海水） | 无锈 | 无锈 | GB/T 11143—2008 |

分水性能是船用油的一项重要指标。在特殊的应用环境中，船用油中难免会有水混入。分油机是一种可以实现油水机械分离的设备，但是如果油品自身抗乳化性和分水性能不佳，即使使用分油机，水也很难在油中实现高效分离。分水性能不佳会导致船用油中存在大量乳化物，会堵塞机油滤清器，影响油品的润滑性能，缩短发动机的使用寿命。

除了气缸油之外，采用封闭循环润滑系统的船用油均对分水性能有特殊规定。其中，中速机油按运动黏度和碱值的不同又细分为不同分水性能指标，而舰船通用柴油机油对分水性能指标要求更高。有些近海渔船使用普通柴油机油，在海上作业，难免有水分进入发动机润滑系统，很易造成发动机故障，应推荐分水性能优异的护航 800 和护航 1500 等舰船通用油替换普通柴油机油。

评价船用油的分水性能的试验方法是 SH/T 0619—1995《船用油水分离性测试法》。首先在离心管中加入 50mL 试样，用移液管加入 2mL 蒸馏水，再加试样至 100mL 刻度处，然后将装试样的离心管置于固定圆筒中，在搅拌器的转速达到 3600r/min 的条件下搅拌 30s。在 15min 之内将离心管放入离心机中，离心管底部的相对离心力为 700，开机运转 2h 后将离心管取出，对试验结果进行评测。分水性能好的油品分离出来的水层接近 2mL，乳化层应小于 0.5mL；分水性能差的油品水层小于 1.6mL，有时乳化层会达到 1.2mL 以上。

## 1.4 生物可降解艉轴用油两大核心要求

美国环保局颁布的船舶通用许可 VGP（Vessel General Permit）要求，从 2013 年以后，在美国水域（距美国海岸 3mile 的任何地方）大于 79ft 的商用船舶上可能与海水接触的设备使用的油品必须为生物可降解产品，其中船舶艉轴用油需求最为迫切。

满足 VGP 的生物可降解艉轴用油有两大核心要求，一是美国环保局 VGP 备案，二是艉轴 OEM 认证。随着人们对环境问题的日益关注，世界各地也会纷纷推出各自的"VGP 法规"。VGP 备案需要获得诸如"Blue Angel, European Ecolabel, Nordic Swan, the Swedish Standard SS 155470"等环保标志认证，需要通过生物可降解实验、生物毒性实验和生物积聚性实验。

**生物可降解油品需要的测试方法和要求**

| 典型的环保测试及方法 | 要求 |
| --- | --- |
| OECD 301B 生物降解性能测试 | 油品总生物可降解率在 60% 以上 |
| OECD 201 海藻生物毒性 | 含量为 0.1% 以上的物质均要进行，对有毒性物质限制其加量 |
| OECD 202 无脊椎动物生物毒性 | |
| OECD 203 有脊椎动物（鱼类）生物毒性 | |
| OECD 117 在生物体的脂肪组织的有机物积累 | 不能有生物积聚性 |
| OECD 107 在生物体的脂肪组织的有机物积累 | |

艉轴油 OEM 认证主要进行橡胶相容性试验，Wartsila Japan 的艉轴和 Wartsila 发动机组合供应，而 Kemel 和 B+V (SKF) 与 MAN 发动机组合供应，以上三家 OEM 基本占据了船舶艉轴市场的 80% 份额。

**艉轴 OEM 认证条件**

|  | Wartsila Japan | Kemel | B+V（SKF） |
|---|---|---|---|
| 密封材料 | Viton（传统）/BIO seal（新型） | Viton（传统） | Viton（传统） |
| 纯油品试验（一般为酯类油） | | | |
| 纯油品 | 一般为 ISO VG68 或者 VG100 | | |
| 条件 | 24h、150℃ | 168h、175℃ | 168h、130℃ |
| 乳化液试验（考虑海水侵入） | | | |
| 乳化液 | 一般为 70%油+30%水 | | |
| 条件 | 672h、80℃ | 168h、175℃ | 168h、130℃ |
| 台架试验（苛刻性验证） | | | |
| 台架试验 | 无 | 无 | 1000h 轴承试验 |

曾经预期生物可降解艉轴用油需求会快速增加，但是过去 5 年实际应用增长不多。一方面生物可降解艉轴用油试用中出现了磨损加大和温度超高的问题，不少船东又换用系统油润滑；另一方面轴密封结构发生变化，装有"压力空气"保护装置，大大降低了艉轴油泄漏到海水的风险，船东们基于安全和成本考虑，也纷纷换用矿物型油品，一般为船用系统油。

# 1.5 硫排放控制区及船用燃料油

伴随着国际海事组织公布越加严格的法规，排放成为船运业发展需要重点考虑的因素之一。欧盟和美国加利福尼亚州还在国际海事组织法规的基础上，制定了更为苛刻的排放法规限制船舶对环境的污染。国际海事组织的《73/78防污公约》附件VI是迄今为止对国际船运业影响最为深远的国际性海洋法规，明确了在公共海域和硫排放控制区（SECA，Sulfur Emission Control Area）执行不同的燃料要求。

**SECA排放控制时间表**

| SECA时间 | 2008.1.1—2009.12.31 | 2010.1.1—2014.12.31 | 2015.1.1—2022 |
|---|---|---|---|
| 硫含量,% | <1.5 | <1.0 | <0.1 |
| 公海时间 | 2018.1.1—2011.12.31 | 2012.1.1—2019.12.31 | 2020.1.1—2022 |
| 硫含量,% | <4.5 | <3.5 | <0.5 |

最早进入SECA区域的地区为波罗的海、北海和英吉利海峡；北美地区和加勒比海地区分别于2012年8月1日和2014年1月1日申请加入SECA区域，两个地区于2016年正式进入SECA区域。

《欧盟立法2012回顾》除包含最新防污公约附件VI的内容之外，还包含：从2020年1月1日起，在SECA区域以外的欧盟海域内，燃料硫含量从目前的3.5%降低到0.5%；对于停靠船舶的燃料硫含量限制仍然为不超过0.1%。高于3.5%硫含量的燃料，只能售卖并使用在装载有废气净化系统的船舶上。从2011年1月1日起，内河航运船舶使用的燃料硫含量不高于10mg/kg。

**环保法规对船舶燃料的要求**

| 日期 | 船用燃料 MGO | 船用燃料 MDO |
|---|---|---|
| 2009.7.1 | 不高于 1.5% | 不高于 0.5% |
| 2012.8.1 | 不高于 1.0% | 不高于 0.5% |
| 2014.1.1 | 不高于 0.1% | 不高于 0.1% |

加利福尼亚空气资源委员会（ARB）规定，在加利福尼亚（或其群岛）海岸线延伸 24n mile 范围区域内，只能使用特定指标和硫含量的馏分柴油，除了试验研究之外，不允许后处理技术的船只应用于该区域。

船用燃料油主要用作远洋船舶和航行于沿海沿江大型船舶的燃料，我国 GB 17411—2015《船用燃料油》将船用燃料油分为馏分型和残渣型两类，对燃料油硫含量等指标进行了要求。

**馏分型燃料油**

| 项目 | DMX | DMA | DFA | DMZ | DFZ | DMB | DFB |
|---|---|---|---|---|---|---|---|
| 硫含量[1], % | ≤1.0 | ≤1.0 | | ≤1.0 | | ≤1.5 | |
| 润滑性[2]（在60℃时的磨斑直径），μm | ≤520 | ≤520 | | ≤520 | | ≤520 | |

注：[1]随着标准提升，对馏分油硫含量要求逐步严苛。
　　[2]根据试验环境把钢球磨斑直径校正到标准状况下的数值表示。

**残渣型燃料油**

| 项目 | RMA 10 | RMB 30 | RMD 80 | RME 180 | RMG 180 380 500 700 | RMK 380 500 700 |
|---|---|---|---|---|---|---|
| 硫含量, % | 与法律法规有关 | | | | | |
| 钒含量[1] mg/kg | ≤50 | ≤150 | ≤150 | ≤150 | ≤350 | ≤450 |
| 铝和硅含量[2], mg/kg | ≤25 | ≤40 | ≤40 | ≤50 | ≤60 | ≤60 |

注：[1]钒与沥青质螯合有关，容易形成"黑色油泥"。
　　[2]铝和硅在炼油过程来源于催化剂。

从 2015 年开始,《73/78 防污公约》附件 VI 对硫排放控制区的硫含量限制要求：驶入 SECA 区域的船舶使用低硫馏分油，船只在进入 SECA 之前，必须从最高硫含量为 3.5%（质量分数）的残渣油，转换到最高硫含量为 0.1%（质量分数）的馏分油。当驶离 SECA，考虑降低燃料成本，通常会切换回残渣油，除非立即又返回 SECA。

大多数运营商均在残渣燃料和馏分燃料相互切换上有经验，规定在接近或驶离 SECA 边界时，燃料转换必须在航行时完成，强制规定了船上必须有详细的实施程序和充分的记录，要求船员熟悉操作规程。目前已经有自动燃料转换系统，但也可以手动完成。

## 1.6　船舶发动机"缸套—活塞环"的典型磨损

从磨损的基本诱因上分析，船舶发动机"缸套—活塞环"部位包括以下四种典型磨损形式：

(1) 疲劳磨损，是摩擦表面在接触区产生较大的变形和应力，并形成裂纹而被破坏的现象。疲劳磨损属于机械部件在正常范围内的摩擦损耗。

(2) 磨粒磨损，是质地坚硬颗粒物在相对运动摩擦副表面引起擦伤及表面材料脱落的现象。过度的磨粒磨损会使发动机缸壁抛光，直接导致润滑油在缸壁表面难以形成稳定油膜，造成磨损加剧，燃料中铝和硅是导致磨粒磨损的主要诱因。

(3) 黏附磨损，是在外界压力加大或者润滑介质失效时，摩擦副对偶表面发生黏附的现象。黏附磨损是非常严重的磨损类型，会导致缸套表面特殊材质涂层的剥落，对发动机正常操作造成严重危害。

(4) 腐蚀磨损，是摩擦副对偶表面在相对运动过程中，表面材料与周围介质发生化学或电化学反应，并伴随机械作用而引起的材料损失现象。在腐蚀磨损严重的情况下，缸壁表面材质会发生剥落，甚至在摩擦副对偶表面发生相对运动时，表面涂层会失去原有材料特性从而被严重破坏。

确定上述几种磨损形式，对研究船用油在低硫燃油和低载荷条件下摩擦副的摩擦特性，寻求降低磨损的方案，延长发动机部件使用寿命具有重要意义。以上几种磨损形式主要发生在混合润滑和边界润滑区域，通过改进添加剂配比，可以提高润滑油的抗机械磨损及抗腐蚀磨损能力，能够在实际操作中延长机械部件使用寿命。

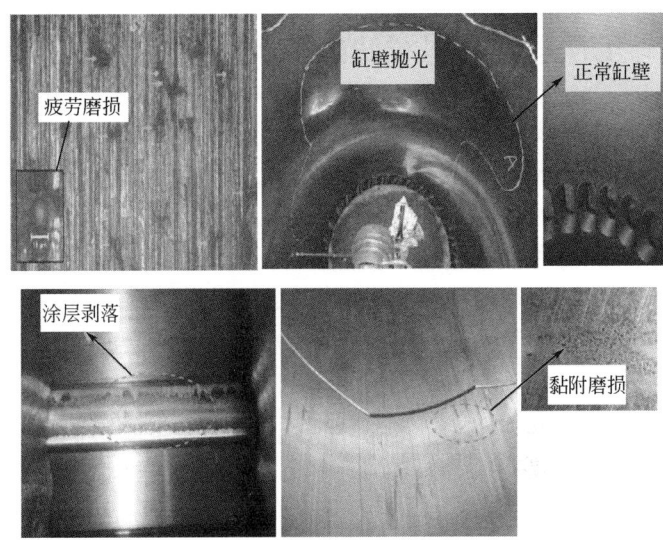

## 1.7 船用润滑油的监测与科学采样

如同血液系统能够反映人体状况，润滑系统也可以反映机器的运行状态。通过润滑油品质及组成的变化可以判断磨损的部位、类型和程度，并可作为设备故障诊断的依据。船用油属于应用批量较大的润滑油，最需要实施"按质换油"的原则，目前尚无公认的换油标准，一般采用 CIMAC 推荐的"指南"为参考。其中，气缸油用于大型低速十字头二冲程柴油机活塞环和气缸套间的润滑，为一次性消耗产品，不存在换油问题，但会有少量残油，可根据残油的碱值和 Fe 元素来判定发动机是否异常，并调整优化注油率。

中速机油，主要用于筒状活塞发动机的润滑，也可用于高速辅机的润滑。中速机油通常通过飞溅润滑来润滑活塞环和缸套，燃烧产物极易污染油品，根据 CIMAC 29 号推荐的"中速机润滑指南"，润滑油的监测着重考察黏度变化、碱值、黏度下降、水分及不溶物上升等五个指标，一般每 500h 进行在用润滑油采样监测，出现异常进行更换。

**中速机油换油指标**

| 检验项目 | 换油指标 | 试验方法 |
| --- | --- | --- |
| 100℃运动黏度，$mm^2/s$ | <-20%或>+25% | GB/T 265—1988 |
| 碱值，mg KOH/g | <新油的 50% | SH/T 0251—1993 |
| 水分，% | >0.4 | GB/T 260—2016 |
| 闪点（闭口），℃ | <170 | GB/T 261—2008 |
| 正戊烷不溶物，% | >2.0 | NB/SH/T 0861—2013 |

船用系统油主要用于二冲程发动机轴承、曲柄销轴承、推力轴承、凸轮轴承、十字头轴承及导板等部件的润滑。系统油不参与发动机燃烧，而且用量很大，船东一般不更换系统油，使用周期甚至长达 10~20 年，但系统油性能也会随着

使用衰变,有气缸油污染系统油的情况发生。根据CIMAC 15号推荐,系统油的监测着重关注碱值等性能衰变和燃料与气缸油混入的风险,一般每3个月进行采样监测。

**系统油换油指标**

| 检验项目 | 换油指标 | 试验方法 |
|---|---|---|
| 100℃运动黏度,$mm^2/s$ | <新油-3.0 或>新油+3.5 | GB/T 265—1988 |
| 碱值,mg KOH/g | <3.0 或>30 | SH/T 0251—1993 |
| 水分,% | >0.2 | GB/T 260—2016 |
| 闪点(闭口),℃ | <180 | GB/T 261—2008 |
| 正戊烷不溶物,% | >1.5 | NB/SH/T 0861—2013 |

必要时,中速机油和系统油也可测试元素,检查发动机油添加剂衰减(Ca、P、Zn)、金属磨损(Fe、Cu、Cr)、燃料(V、Ni)和海水污染(Na、Mg)情况。

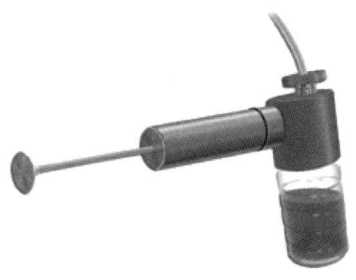

油样监测离不开科学规范的采集,不规范的采样瓶和不正确的采样部位都会使油样分析失去意义。对于船用润滑油油样的科学采集,需要严把"三大纪律,八项注意"关。

三大纪律:第一是设施,取样工具和设施规范,且干净、干燥、无污染;第二是位置,取样点能够反映真实情况,要避免弯角、污染物和金属颗粒聚集处;第三是一致,人员和取样位置始终保持一致。

八项注意:第一是取样时机,要在船机正常负载和正常油温下取样；第二是取样频率（周期），根据设备特点合理确定；第三是安全防范，对高温、转动设备做好安全防范；第四是样品合格，先放出不流动的样品，至少5倍的管道体积，装至油样瓶的70%~75%；第六是标识完整，给油样瓶打上正确、完整的标签；第七是新油对照，提供同批次的新油样品；第八是相关事项，要注明取样期间，有无更换润滑油、滤芯或者零部件。

**科学采样规范要求**

| 项目 | 合适的取样位置和方法 | 干净的取样瓶 |
|---|---|---|
| 颗粒计数 | ● | ● |
| 水分（KF） | ⊙ | ⊙ |
| 黏度 | ○ | ○ |
| 酸值/碱值 | ◎ | ○ |
| 发射光谱 | ⊙ | ⊙ |
| 铁屑测量 | ● | ◎ |
| 分析铁谱 | ● | ⊙ |
| 滤膜法 | ● | ⊙ |
| 闪点（燃油稀释） | ◎ | ○ |
| 乙二醇（试剂方法） | ◎ | ◎ |
| 红外（FTIR） | ◎ | ⊙ |

注：●非常重要；⊙重要；◎不太重要；○基本无关。

## 1.8 船舶主要装备及其润滑

一艘大型船舶,其运转机械设备主要包括提供主推动力的主机、提供电力的辅助发电机、负责动力转向的艉轴转向推进系统、甲板工程机械、冷冻机、空气压缩机和分油机以及舷外救生艇等。

按照船舶设备及润滑部位的不同,一般将船舶用润滑油分为船舱用的船用发动机油和以润滑甲板装备为主的船舶配套设备用油两大类,具体润滑油脂有数十种,总装机油量多在百吨以上。

(1) 船用发动机油。

船用发动机油一般分为低速发动机油、中速发动机油和高速发动机油。大功率低速二冲程柴油机(简称低速发动机)通常用作大型船舶的主机,所用润滑油包括气缸油和系统油。气缸油用于发动机活塞环和缸套之间的润滑,按照燃料中硫含量的不同对应 DCA5040、DCA5070H、DCA50100 几个牌号;系统油用于低速发动机曲轴箱部位润滑,按照黏度和碱值分为 DCC3005、DCC3008 和 DCC4008 等三个主要产品。

中速筒状活塞柴油机(简称中速机)应用广泛,主要在大型远洋船舶上做辅机,在各类工程船舶上做主机,在海洋钻井平台上做发电机。对应燃料硫含量的高低,中速发动机油按照碱值从高到低包括 DCB4050H、DCB4040H、DCB4030H、DCB4020H、DCB4015H、DCB4012H 等六个品种。

高速发动机一般在小型船舶上做主机使用，在大、中型船舶上做应急发电机。高速发动机一般使用轻柴油，当主电源出现故障，由应急电源向船上重要场所的照明系统、航行灯、信号灯、无线电通信设备、操舵装置短时供电。高速发动机油一般推荐重负荷柴油机油 CF-4 及以上级别的 15W-40 或 20W-50 产品。

（2）船舶配套设备用油。

船舶分油机用于燃料和润滑油进入发动机前的净化处理，以除去其中所含的水分和杂质。分油机的净化能力可直接影响柴油机的工作可靠性及使用寿命。分油机的工作转速一般为 5000~8000r/min，工作温度为 80~100℃。船舶分油机一般推荐使用重负荷工业齿轮油 CKD150/220 或抗磨液压油 HM32/46/68。

舵机是用来控制船舶航向，保证船舶操纵性以及航行安全的重要设备。舵机润滑油通常使用 HM32/46/68 抗磨液压油或 HV32/46/68 低温液压油。

空气压缩机是产生压缩空

气的机械。船舶主机、辅机的启动及换向系统,气动装置和气动工具,零部件和滤器的吹洗都需要压缩空气。船舶上多使用活塞式空气压缩机。活塞式空气压缩机的曲轴和连杆轴承采用飞溅润

滑或压力润滑;气缸—活塞采用滴油杯式、油雾吸入式或气缸注油式润滑。空气压缩机推荐使用合成型空气压缩机油 DAC 46/68/100。

制冷装置应用于伙食冷藏、空气调节、冷藏运输(如冷藏船、冷藏集装箱)和特殊船舶(如远洋渔船、液化石油气和液化天然气运输船等)。根据船舶制冷装置的制冷工况和制冷剂类型,使用的润滑油可选择冷冻机油 DRE K32/56/100。

甲板工程机械主要包括用于装卸货物的起货机,用于收放锚及锚链的锚机,用于收放缆绳的绞缆机等。以上工程机械设备包括齿轮箱、液压系统、钢丝绳和轴承等多个润滑部位。

一般来说,齿轮箱推荐使用重负荷工业齿轮油 CKD150/220/320/460;液压系统推荐使用 HM32/46/68 抗磨液压油或 HV32/46/68 低温液压油;轴承推荐使用 Super CS 或者极压锂基润滑脂;钢丝绳推荐使用 Super CS。

艉轴转向推进系统包括艉轴管、全回转推进器、吊舱式

推进器、舵承、螺旋桨轴承和可调距桨等。美国要求进入其水域必须使用符合环保润滑油标准，低毒、可生物降解和不可生物积累特性的产品，同时应满足设备的润滑和保养要求，保障设备在潮湿、腐蚀性工况下顺利运转。也就是说需要使用满足 VGP 环保要求的可生物降解型艉轴油，在无此要求的海域可以使用 DCC3008 系统油。

**船舶设备及推荐用油**

| 典型设备 | 润滑部位 | 推荐用油 |
| --- | --- | --- |
| 主机（瓦锡兰 W5X40B） | 气缸<br>曲轴箱 | DCA-5070H<br>DCC3008 |
| 副机（安庆大发 DE-18） | 气缸，曲轴箱 | DCB 4030H |
| 应急发电机 | 气缸，曲轴箱 | CH-4 15W 40 |
| 主空气压缩机（泰州海光 VH-63） |  | DAB 100 |
| 分油机（阿法拉伐 P605） | 齿轮箱<br>注脂点 | CKD 150<br>SUPER CS |
| 侧推器 | 齿轮箱 | CKD 100 |
| 冷冻机（Bizer 4GE-30Y/4FES） | 气缸，曲轴箱 | BSE 32 |
| 舵机（南通政田 DTE 60） | 液压系统<br>注脂点 | HV68<br>SUPER CS |
| 锚机、绞缆机（125HW.WDG/125HW.GDW） | 液压系统<br>开式齿轮及钢丝绳 | HV68<br>SUPER CS |
| 救生艇 | 二冲程汽油机 | TC-W3 |
| 救生艇释放装置 | 绞车<br>开式齿轮 | CKD 100<br>SUPER CS |

　　舷外救生艇是悬挂于艉板外侧的可卸式动力装置，集成度高、结构紧凑、重量轻。救生艇发动机多采用二冲程汽油机，可推荐使用 TC-W3 水冷二冲程汽油机油。

## 1.9 船舶润滑脂及其应用

海运是国际物流中最主要的运输方式,海上运输的主要特点是运量大、费用低、航道四通八达,但也存在速度慢、航行风险大、航行日期不准确的劣势。据悉,国际贸易总运量中的 2/3 以上,中国进出口货运总量的约 90% 都是利用海上运输。

目前,世界上载重最大的运输船舶,最大载重量大约是 $40 \times 10^4 t$,载重大、负载高、连续作业时间长(可达数月)。船舶在海上航行流动性较大,地域上的跨度比较大,船舶工作环境恶劣,工况复杂,经常处于暴雨、风浪等环境,容易引起振动冲击;运行环境跨越大洋,气候变化大,温度变化大,湿度变化大,长期在盐水、高湿、高盐雾等特殊的工作环境下运行,还有一些设备是在水下运转(如转向舵、船上推进器主轴、艉舵等机械部位),长期浸泡在水中会加速腐蚀。这就要求所用润滑脂需具有良好的高低温性能,够适应环境温度的变化;良好的防腐防护性,防止生锈、卡死、电化学腐蚀;良好的抗水黏附性,能够在有水的环境下,抵抗机械运转的离心力;良好的极压抗磨性,能够承受一定的冲击负荷;以及良好的泵送性和润滑性,保证设备的可靠润滑。

船上大部分设备采用润滑油润滑,需要润滑脂润滑的设备主要有发电机、电动机、甲板机械、锚链绞车、卷扬机及其他辅助机械、舵机轴承、起重机械的滚动轴承。所用润滑脂除锂基脂、复合锂基润滑脂等通用产品外,还有船舶轴承润滑脂、齿形联轴器润滑脂、钢缆润滑脂等专用产品。

**润滑脂的选用**

| 机械及摩擦副 | 推荐润滑脂 |
| --- | --- |
| 发电机、电动机 | 通用锂基润滑脂、复合锂基润滑脂 |
| 超重机械、甲板机械、锚链绞车 | 极压锂基润滑脂、二硫化钼锂基润滑脂 |
| 推进器主轴、水翼螺杆、关节、舣舵 | 船舶轴承润滑脂 |
| 齿形联轴器 | 齿形联轴器润滑脂 |
| 钢缆 | 钢缆润滑脂 |

船舶轴承润滑脂主要应用在船上推进器主轴、水翼螺杆、关节、尾舵等机械部位,多与海水发生直接接触。目前使用较多的是舰用润滑脂,主要采用脂肪酸铝皂稠化高黏度矿物油,具有高度耐水性、黏附性和防护性,是防护润滑两用润滑脂。经钢棒黏附性试验后,钢棒无裸露,3号规格脂的存留率不小于85%,10号钢片A级盐雾不少于15d。随着润滑行业中对不同稠化剂类型产品的研发,以复合磺酸钙基类、复合铝基类、聚脲类润滑脂为基础脂,开发的船舶轴承润滑脂正逐渐替代舰用润滑脂。

昆仑舰用润滑脂供军用及民用多年。复合磺酸钙基润滑脂SUPER CS在远洋运输海运船舶应用,该船舶往返中国—美国63d一次,装载4500个左右标准集装箱,主要润滑部位是舵轴轴承处和顶部滑动轴瓦,采用集中润滑的方式,用同一供脂泵,8个输出管,管径约0.5cm,泵送量可调。经过全航程使用后,顶部滑动轴瓦润滑正常,润滑脂状态良好,颜色、稠度正常,舵轴处润滑情况好,设备运行正常,润滑脂未出现明显变化。

齿形联轴器是船舶动力输出系统中重要的连接设备，主要用于降低传动轴中心小幅度偏移时产生的扭力，便于长轴的拆装。齿形联轴器在船舶传动系统中传动力矩很大，特别是在两轴  中心偏斜角度较大时，齿面极易发生较大磨损，且存在微动磨损。为确保齿形联轴器的可靠运行，降低磨损，延长齿形联轴器的使用寿命，要求润滑脂具有良好的极压性、抗磨性、防锈性及高温安定性。齿形联轴器润滑脂一般采用锂皂或膨润土稠化高黏度矿物油，并且加有多种极压、高分子聚合物，以及二硫化钼和石墨等固体填料，梯姆肯 OK 值可达 245N，四球试验烧结负荷值为 6080N，磨斑直径小于 0.5mm。

钢缆经常受到海水、尘埃、污水或其他恶劣情况的影响，为避免钢缆过早损坏，延长使用寿命，钢缆用润滑脂应具备渗透性，能够渗透钢缆表面直达缆芯，有效预防内部绞绳磨损；还应具备润滑防护性，在钢缆表面形成一层润滑膜，给予内外部分双重防腐润滑保护。一般要求 10 号钢片 A 级盐雾试验需要达到 7d 以上、湿热试验 30d 以上，并通过 60℃1h 钢缆润滑脂滑落试验。

# 2 航空油脂液

航空油脂液是航空装备整体不可分割的一部分，对航空装备的设计和效能发挥起着至关重要的作用，主要包含航空润滑油脂、航空燃料和冷却液等。航空油脂液对航空装备的从属性，决定了其品种和质量的发展从属于航空装备的功能设计和技术变革，即航空装备的结构设计和技术参数决定了航空油脂液性能和品种的发展。

航空润滑油脂液主要有航空发动机润滑油、航空传动系统润滑油、航空润滑脂、航空液压油、航空冷却液等多个品种。根据适用航空发动机类型的不同，航空发动机润滑油可分为航空活塞式发动机润滑油和航空涡轮燃气发动机润滑油。航空活塞式发动机润滑油主要满足航空活塞式发动机的润滑需求，润滑部位为活塞和曲轴；航空涡轮燃气发动机润滑油主要满足航空涡轮燃气发动机的润滑需求，润滑的部位为压气机前轴承、压气机后轴承和涡轮轴承。航空传动系统润滑油主要满足直升机的润滑需求，润滑部位为涡轴发动机轴承、主减速器和中、尾减速器。航空润滑脂是除航空润滑油之外的一类非常重要的润滑剂，通常对发热问题不是特别突出的轴承等活动件润滑。航空液压油主要满足飞机反推力装置、武器系统发射、飞机起落架及刹车灯控制系统的液压系统的润滑。航空冷却液主要对航空机载设备需要冷却的部位进行冷却，主要成分为乙二醇、水和表面活性剂。

航空燃料是飞机消耗最大的功能材料之一，世界航空燃料消费约 $2\times10^8$ t，我国消费在 $6000\times10^4$ t 左右。其中，活塞式航空发动机主要使用航空汽油，又细分为含铅汽油和无铅汽油；涡轮燃气发动机则主要使用喷气燃料，主要有三类：

一是应急备用的宽馏分型喷气燃料；二是用于亚音速飞机和超音速飞机的煤油型喷气燃料，即通常所说的航空煤油，是航空燃料的主体；三是用于超音速飞机的专用热安定性喷气燃料。

  本章简明、系统地阐述了航空装备所用的主要油脂液及其要求，为广大润滑油液营销及应用人员提供理论支持和实践参考。

## 2.1 航空发动机润滑油评价测试

早期的航空发动机润滑油性能评价指标只有少数的几项物理性能测试，发展至今包含了理化性能评定、使用性能评定、模拟性能评定、模拟台架试验评定、发动机评定和试飞试用等多项评定要求。欧美航空发动机润滑油标准中把理化性能评定和使用性能评定统称为常规性能评定，把模拟台架试验评定称为台架评定。俄罗斯航空发动机润滑油的常规性能评定一般包括理化性能评定和部分使用性能评定两部分；综合鉴定法评定一般包含部分使用性能评定和模拟台架试验评定。

**航空发动机润滑油常规性能评定项目**

| 序号 | 项目 | 欧美体系 | 俄罗斯体系 |
|---|---|---|---|
| 1 | 酸值 | √ | √ |
| 2 | 黏度 | √ | √ |
| 3 | 低温黏度稳定性 | √ | × |
| 4 | 闪点 | 开口 | 闭口 |
| 5 | 低温性 | 倾点 | 凝点 |
| 6 | 水溶性酸或碱 | × | √ |
| 7 | 腐蚀性 | 铜、铅等 | 品种多 |
| 8 | 热安定性 | √ | × |
| 9 | 高温沉积 | √ | √ |
| 10 | 剪切稳定性 | √ | √ |
| 11 | 水分 | √ | √ |
| 12 | 杂质 | √ | √ |
| 13 | 密度 | √ | √ |
| 14 | 颜色 | √ | √ |
| 15 | 蒸发损失 | √ | √ |
| 16 | 热氧化性和腐蚀性 | 72~121h | 50h |
| 17 | 泡沫 | √ | √ |

续表

| 序号 | 项目 | 欧美体系 | 俄罗斯体系 |
|------|------|----------|------------|
| 18 | 润滑性 | × | √ |
| 19 | 相容性 | √ | √ |
| 20 | 微金属含量 | √ | × |

欧美的台架评定方法主要分为 Erdco 轴承沉积台架评定、Ryder 齿轮载荷能力台架评定、FZG 齿轮载荷能力台架评定三种。俄罗斯采用Ⅲ-3齿轮试验评定润滑油在齿轮上的工作性能，主要模拟燃气涡轮发动机和直升机传动装置的实际工作条件，按照航空发动机润滑油的最高工作温度和实际工作压力、润滑方式综合评定润滑油高温沉积性和齿轮载荷能力。

在模拟台架试验方面，俄罗斯方法不仅考虑了齿轮的磨损，还考虑了轴承上的高温腐蚀，是一种综合评价手段。模拟的实验条件主要参考航空发动机润滑油在发动机内的工作状态。美国方法考虑更多的是极压条件下润滑油的使用情况，因此试验中润滑油温度低、无压力要求、转速小，试验分加载梯次进行。

**欧美模拟台架试验方法**

| 规范 | Erdco 轴承沉积 | Ryder 齿轮载荷能力 | FZG 齿轮载荷能力 |
|------|----------------|---------------------|-------------------|
| MIL-PRF-9236 | Fed-Std-3450 | Fed-Std-6508（ASTM D1947）74℃ | ASTM D5182 |
| MIL-PRF-7808 | | F3ed-Std-6511 204℃ | |
| MIL-PRF-27502 | | | |
| MIL-PRF-23699 | Fed-Std-3450 | Fed-Std-6508（ASTM D1947）74℃ | |

## 2.2　航空发动机润滑油及其应用

航空发动机润滑油是航空油料中最重要的品种之一，主要对航空发动机进行润滑，对发动机部件的耐久性、安全性都有一定的影响。不同类型的航空发动机对航空润滑油的性能要求也各不相同。航空发动机润滑油可大致分为航空活塞式发动机润滑油和航空涡轮燃气发动机润滑油。目前，国际上主要的航空发动机润滑油标准主要有欧美标准和俄罗斯标准两大体系，两个航空发动机润滑油标准体系相对独立，特别是在航空发动机润滑油的性能指标和测试方法上具有一定的差异性。

航空活塞式发动机和车用活塞式发动机的工作原理类似，主要依靠活塞在缸套中进行往复运动而输出动力，从而带动螺旋桨进行旋转工作。活塞式发动机润滑油的主要润滑部位是活塞和曲轴。由于气缸的间隙较大，为了保持足够的油膜，必须要使用大黏度的润滑油产品。俄罗斯航空活塞式发动机润滑油主要有酚精制的 MC-20 系列产品；美国航空活塞式发动机润滑油包括不含无灰分散剂和含无灰分散剂两类，满足 SAE J 1966—2011《航空活塞发动机润滑油（不含无灰分散剂）》标准规范和 SAE J 1899—2011《航空活塞发动机润滑油（含无灰分散剂）》标准规范。

涡轮燃气发动机的工作原理是利用燃烧产生的高温气

体膨胀，高速从喷管中喷出气体，产生的反作用力作为动力让飞机工作。航空涡轮燃气发动机润滑油主要润滑的部位为压气机的前、后轴承和涡轮轴承。飞机发动机不同的推重比决定了涡轮燃气发动机的燃气温度，所使用的润滑油则需要具有不同的高温氧化安定性能和黏温性能；同时部分涡轮燃气发动机经过改进后可应用于直升机，此时润滑油还需要对减速器进行润滑，因此还要兼顾一定的抗极压性能。俄罗斯的涡轮燃气发动机润滑油主要有MK-8系列喷气发动机润滑油、36/1系列酯类润滑油、50-1-4系列酯类润滑油、HIIM-10半合成涡轮发动机润滑油；美国的涡轮燃气发动机润滑油主要有低黏度酯类发动机润滑油和中黏度酯类发动机润滑油，主要满足MIL-L-7808L—1997《航空涡轮燃气发动机润滑油》标准规范和MIL-L-23699G—2014《航空涡轮燃气发动机润滑油》标准规范，以及民用大飞机上使用的中黏度酯类发动机润滑油，满足SAE 5780D—2018《航空涡轮燃气发动机润滑油》标准规范。

## 2.3 直升机传动系统润滑油

直升机多采用涡桨或涡轴发动机。涡桨发动机是由涡扇发动机改装为螺旋桨而成,由于螺旋桨的转速较慢(1000r/min),需要配置一个减速器将涡轮的转速减小到螺旋桨适合的速度。涡轴发动机则是在涡桨发动机的基础上,将螺旋桨换成旋翼,也需要加装减速器。因此,直升机发动机润滑油除了需要润滑涡轮燃气发动机外还需要润滑减速器。

直升机曾经多采用涡轮燃气发动机润滑油进行润滑。与固定翼飞机相比,直升机发动机的体积和重量都小,直升机减速器需要承受较大的接触负荷(11000~12000N),这就要求润滑油必须具有优异的抗极压性能来满足减速器的润滑需求。但由于涡轮燃气发动机润滑油主要是为了满足发动机使用而设计,多数不含或少量含有减速器润滑所需的极压添加剂,因此涡轮燃气发动机润滑油在直升机传动系统中的润滑不足现象越来越明显,多数国家的直升机越来越倾向于使用专门的直升机传动系统润滑油。例如,俄罗斯开发了Б-3В,以季戊四醇酯为基础油,100℃黏度为5$mm^2/s$,-40℃黏度为8800$mm^2/s$左右;Л3-240,为Б-3В的换代产品,基础油与Б-3В相同,加强了高温抗氧化能力;双曲线型齿轮油,使用高硫基础油,能有效防止高负荷下金属的擦伤和卡咬,100℃黏度为20~30$mm^2/s$,但由于黏度过大,在使用过程中需要用低凝点的液压油进行稀释,稀释后的油品称为CM-9混合油,主要用于润滑直升机的中、尾减速器;螺旋伞油TC-ГИП,100℃黏度为20.5~32.4$mm^2/s$,主要是在夏季用于直升机减速器和活动关节的润滑,是双曲线型齿轮油的换代产品。

欧美的直升机也多采用专门的直升机传动系统润滑油,不仅兼顾发动机的润滑需求,同时也具有优异的抗极压性能。例如，英国的 DERD 2497 规范润滑油，是一种具有优异承载能力的涡轮发动机润滑油，代表产品为 AeroShell Turbo 555；美国的传动系统专用油（DOD-L-85734），工作温度为 -40~135℃，与传统的 MIL-L-23699 发动机润滑油标准相比，提高了承载能力性能要求。

## 2.4 航空燃料及其应用

航空燃料是 20 世纪初，随着飞机的诞生而出现的，世界各航空公司所使用的航空燃料可以分为航空汽油、航空煤油和航空生物燃料三类。全球通用航空飞机美国约 20 万架、我国约 7000 架，年消耗航空燃料 $2\sim3\times10^8$ t；我国以航空煤油为主，消耗量约为 $6000\times10^4$ t/a，航空汽油消耗量约为 $4\times10^4$ t/a。航空汽油主要供点燃式活塞发动机使用，航空煤油也就是喷气燃料主要供涡轮燃气发动机使用，航空生物燃料作为替代能源，正在发展之中。

（1）航空汽油。

航空燃料的使用始于 1903 年莱特兄弟采用直馏 38 号汽油，到 1917 年航空燃料开始使用 8G1b 规格，航空汽油的概念被正式引入，与车用汽油开始区分供应链。在第一次世界大战期间，人们注意到某些飞机失事就是由于使用了不适当的燃油，从而发现了航空汽油抗爆性能的重要性。1921 年，美国科学家 Thomas MIDGLEY 发现了第一个商用抗爆改进剂四乙基铅（TEL），并在 1923 年被大量用于车用汽油中，1926 年被用于美国军用飞机上，1930 年美国空军开始采用辛烷值指标并要求战斗机燃料大于 87 号。

后来发现过量添加 TEL，燃烧后铅会在气缸顶部及火花塞沉积，造成点火故障及发动机磨损，并且对环境和人体神经系统有极大的危害。美国 EPA 要求降低航空汽油中的铅含量，在 20 世纪 90 年代 100 号低铅航空汽油（100LL）顺利通过了美国联邦航空局（FAA）的适航批准。2011 年 ASTM 进一步推出了 100 号超低铅航空汽油（100VLL）标准，铅含量降低为 100 号航空汽油的 40%左右，多用烷基化油生产。

基于 AC 20-24C 航空活塞发动机以汽油发动机为主，只有非常少量的柴油发动机，ASTM/FAA只制定了航空活塞发动机汽油标准，例如ASTM D910-04a标准为含铅汽油标准，包括80（含铅0.14g/L）、91（含铅0.56g/L）、100LL（含铅0.56g/L）和100（含铅1.12g/L）等四个辛烷值牌号。另外还有很多无铅汽油的规格，例如ASTM D6227-00、ASTM D7547-09等。

我国非等效采用ASTM D910的GB 1787-2018《航空活塞式发动机燃料》标准，包含75、95和100三个辛烷值牌号，都是含铅汽油。

（2）航空煤油。

20世纪40年代，英国研制成功了使用煤油燃料的涡轮螺旋桨发动机，开始了民用和军用飞机以喷气燃料为主要燃料的时代。1944年美国颁布了AN-F-32标准，燃料代号是JP-1，随后相继到JP-8，是美国和北大西洋公约组织空军的主要燃料用油，并在JP-8基础上开发出JP-8+100等一系列新型燃料。美英两国的民用喷气燃料，依据冰点分为JetA和JetA-1两种，美国民航普遍使用的是JetA，最新标准为ASTM D1655—2015。

我国喷气燃料现有四个品种，即煤油型的RP-3喷气燃料、宽馏分型的RP-4喷气燃料、高闪点型的RP-5喷气燃料及大密度型的RP-6喷气燃料，共同构成了我国较为完整的喷气燃料体系。其中RP-4为备用燃料，平时不生产；RP-5、RP-6主要用于特种飞机；而RP-3喷气燃料具有闪点较高、不控制初馏点等优点，使得其生产工艺具有较大的灵活性，适合我国石蜡基原油生产喷气燃料的现状，所以广泛用于民用和军用飞机、出口等各个方面。

喷气燃料的基本组成为不同的石油烃类和残留的少量非烃及添加剂。其烃族组成和非烃含量主要取决于原油性质和喷气燃料的加工工艺。芳香烃因影响喷气燃料的燃烧性，规定其体积分数不超过20%~25%；烯烃影响喷气燃料的安定性，规定其体积分数不超过 5%。残留在喷气燃料中的非烃主要为含氧化合物，含硫化合物、含氮化合物和有机金属化合物。它们同属于喷气燃料中的非理想成分（杂质），特别是含硫化合物影响燃烧性、安定性、腐蚀性和环境保护，对总硫含量和硫醇硫含量等做出了比较严格的限制，非烃总质量分数通常小于 0.2%。为了改进喷气燃料的某些性能，可按要求由生产厂加入或用户自行选择加入经过试验、鉴定和批准的添加剂，但是其加入量要严格控制。

喷气燃料在飞机发动机中除用作能源外，还用作润滑系统、辅助系统的冷却剂和燃料系统摩擦机件的润滑剂，要求具有良好的热氧化性和润滑性。特别是随着飞机发动机热强度的提高，对喷气燃料热氧化安定性的要求越来越高。热氧化安定性是指燃料在高温和氧气的作用下氧化分解和缩合生成胶质和沉淀物的倾向，胶质和沉淀物会严重影响发动机的正常工作。因此，提高热氧化安定性仍是喷气燃料的发展目标之一，其主攻方向是研究新的燃料加工工艺和添加剂，国外已研究出能将现行的煤油型喷气燃料的耐热性提高 55℃ 的添加剂。用添加剂来提高现行喷气燃料的热氧化安定性是一种经济有效的途径。

在国际上喷气燃料标准比较常用的有 4 个：DEF 91-91/7-2、ASTM D1655—2015d、AFQRJOSissue28 和 GB 6537—2018《3 号喷气燃料》。除了美国材料与试验协会 ASTM 标准之外，对于颗粒污染、外观、颜色方面的要求，其他 3 个标准几乎一致。总体上看，GB 6537—2018 的要求最严，指标要求最少的是 ASTM，例如不测试银片腐蚀、水反应等。随着航空发动机的不断发展，实际降低了对航空燃料的要求，各项指标要求正在趋近，以 DEF 91-91/7-2 为代表的国外喷气燃料标准中，增加了指标异常情况的后续处理、添加剂的加入要求、污染物控制等内容。

（3）航空生物燃料。

20世纪70年代以来,受传统能源价格、环保和全球气候变化的影响,世界各国日益重视航空生物燃料的发展,尤其是巴西、美国、欧盟等积极发展航空生物燃料技术。航空生物燃料的原料根据其化学成分主要可分三大类:第一类为动植物油脂,包括棕榈油、麻风树油、废弃动物脂肪、餐饮废油以及微藻油等,在中国年产量约 $500\times10^4$ t,其能量密度最高,化学成分与航空煤油最接近,转化工艺也相对比较成熟,但原料价格较贵,成本较高。第二类为糖和淀粉类,包括甘蔗糖、玉米淀粉、木薯淀粉以及制糖工业的废液等,在中国年产量约为 $1000\times10^4$ t,生物发酵产生的燃料产品只能以10%的最高比例与航空煤油掺混使用。第三类为木质纤维素,包括各种农作物的秸秆、玉米芯、林业废弃木料、造纸厂废液等,在中国的年产量大约为 $7\times10^8$ t,但技术上有较大挑战性,前期设备投资巨大。航空生物燃料与传统石油基航空煤油相比,可降低50%~80%的全周期碳排放。

欧美国家从2008年起陆续开展航空生物燃料研发和试验飞行,2011年起开始商业飞行。2011年10月,英国汤普森航空公司推出由英国伯明翰飞往西班牙兰萨洛特的航班,燃料中加入了50%的"氢酯和脂肪酸",也就是"地沟油"加工物,更是成为民航业使用航空生物燃料的标志性事件。

2010年5月27日,波音公司、中国石油和来自国家能源局及全球航空业的代表宣布共同签订合作谅解备忘录,对中国建立可持续航空生物燃料产业进行评估。2011年8月28日,中国国际航空股份有限公司波音747-400型2468号客机开始进行中美能源合作生物燃料飞行试验,其系中国首次航空生物燃料验证飞行。2011年10月,由中国石油供应、从小桐子中提炼研制的航空生物燃料在我国首次试飞成功,成为继美国、法国、芬兰之后第四个拥有航空生物燃料自主生产技术的国家。2015年3月21日,海南航空股份有限公司波音737型飞机HU7604航班开始使用航空生物燃料,这标志着我国首次使用航空生物燃料进行的载客商业飞行顺利完成。

2009年ASTM将合成烃类替代燃料标准起草为ASTM D7566-09，又修订为ASTM D7566-10、ASTM D7566-10a，并得到广大飞机及发动机厂家的一致认可和使用，是一个跨时代的标准，极大促进了替代航空燃料的进步。

ASTM D7566-10a中将天然气合成油（GTL）、煤制油（CTL）、费托煤油（FT-SPK）也列为喷气燃料的调和组分，并且在附录A1中规定了其规格要求；ASTM D7566-11将加氢处理的油脂和脂肪酸煤油（HEFA-SPK）列入含合成烃类的航空涡轮燃料的附录A2中（冰点-40℃和闪点38℃）；2011年5月合成喷气燃料也被DEF STAN 91-91/7标准列入可调和组分附录D中，规定合成喷气燃料必须符合ASTM D7566附录A1、附录A2的规格标准，最大的掺调比例不超过50%。

## 2.5 航空活塞式发动机润滑油

航空活塞式发动机主要由曲轴、连杆、活塞、气缸、分气机构、螺旋桨减速器和机匣等部件组成。按气缸的冷却方式分,发动机可分为液冷式和气冷式两种,随着飞机速度的提高,现多为气冷式发动机;按发动机排列形式的不同又可分为星型和直列型,现以星型和直列型中的 V 型较为普遍。

航空活塞式发动机润滑系统由油箱、进油泵、油滤、收油池、泡沫消除器与散热器组成,除了主要对发动机及减速器进行润滑外,还有冷却、密封、清洗等作用。润滑方式主要为泼溅润滑与压力润滑。航空活塞式发动机润滑系统的工作温度可达 200~300℃,因此润滑油必须具有良好的热氧化安定性;发动机摩擦面的工作负荷很高,航空活塞式发动机曲轴主轴承的负荷可达 100kN,因此润滑油必须具有承受高负荷的能力;当飞机作高空、高速飞行时,润滑系统处于高温、低压状态,要求润滑油具有低挥发性,以减少高空蒸发损失;在寒冷地区,润滑油温度降到很低时仍应能保持良好的流动性。此外,润滑油不应含有腐蚀性物质,并与系统中的金属和橡胶等非金属材料有良好的相容性。通常汽车发动机润滑油工作温度在 100℃ 左右,最高达到 150℃,且工作

条件缓和,其性能达不到航空活塞式发动机的要求。

目前,常见的民用通用航空活塞式发动机润滑油的标准有 SAE J 1966—2011 标准和 SAE J 1899—2011 标准,黏度级别有 30、40、50、60 等单级油和多级油。

**不同标准的 20W-50 航空活塞式发动机润滑油主要性能指标对比**

| 标准号 | 是否含无灰分散剂 | 100℃运动黏度 $mm^2/s$ | 黏度指数 | 硫含量,% | 酸值 mg KOH/g | 灰分 % | 防腐性能 | 抗泡性能 |
|---|---|---|---|---|---|---|---|---|
| SAE J 1899—2011 | 有 | 16.3~21.9 | ≥100 | ≤0.6 | >1.0 | ≤0.011 | √ | √ |
| SAE J 1966—2011 | 无 | 16.3~21.9 | ≥85 | ≤0.6 | >1.0 | ≤0.011 | √ | √ |

## 2.6 航空涡轮燃气发动机润滑油

涡轮燃气发动机根据应用范围的不同,又可分为涡轮喷气发动机、涡轮风扇发动机、涡桨发动机和涡轴发动机等。涡轮燃气发动机润滑油的润滑部位主要为压气机前后轴承和涡轮轴承,还有部分减速器。不同的涡轮燃气发动机对润滑油的要求稍有差异。

涡轮喷气发动机由于推力相对较小,涡轮前燃气温度为700~1000℃,轴承温度为150~170℃,矿物型或双脂型润滑油基本可以满足高温抗氧化性能要求。

涡轮风扇发动机的润滑部位与涡轮喷气发动机基本相同,涡轮风扇发动机的轴承温度一般在260℃以上,润滑油工作温度可达到175~200℃,相比涡轮喷气发动机,要求使用高温抗氧化性能更高的多元醇类航空发动机润滑油。

涡桨发动机是将涡轮风扇发动机的风扇改成了螺旋桨,加装减速器使涡轮输出的高转速降低到适合螺旋桨工作的较低转速。因此,润滑部位除了轴承外,还需要对减速器进行润滑。由于涡桨发动机减速器的传动功率大,齿轮承受的接触负荷大,因此更加关注润滑油的承载能力而不是高温抗氧化性能。为了能保证有足够的油膜厚度来保持承载能力,要求使用比涡轮喷气发动机润滑油黏度更大一些的润滑油。

涡轴发动机与涡桨发动机类似,只是将螺旋桨换成了旋翼，但是涡轴发动机的功率完全靠转轴输出，轴承的工作温度比涡桨发动机要高。虽然也加装了减速器来降低转速，但是负荷相比涡桨发动机要小，因此对涡轴发动机润滑油的性能要求是具有良好的高温性能，同时兼顾一定的承载能力。

**不同航空发动机对润滑油润滑性能的要求**

| 发动机类型 | 100℃黏度 | 润滑油基础油 | 高温抗氧化性能 | 承载能力 |
|---|---|---|---|---|
| 涡轮喷气发动机 | + | 矿物型或双脂 | + | |
| 涡轮风扇发动机 | ++ | 多元醇酯 | +++ | + |
| 涡桨发动机 | +++ | 双脂 | + | +++ |
| 涡轴发动机 | ++ | 多元醇酯 | ++ | ++ |

## 2.7　航空液压油

飞机早期的操纵系统是电动或由压缩空气带动的，随着液压系统的研制成功，使飞机的操纵实现了液压控制。目前，飞机的很多操纵系统如反推力操纵系统、武器发射系统、起落架和刹车系统等均依赖液压系统，因此航空液压油在航空油料中显得越来越重要。

俄罗斯航空早期的飞机液压系统使用的是 CΓ 液体（乙醇和甘油）或 CBΓ 液体（乙醇、甘油和水）。CΓ 液体通常在夏季使用，CBΓ 液体通常在冬季使用。两种液压油都存在一定的使用问题，如 CΓ 液体低温下由于黏度过大不能保证液压系统正常工作；CBΓ 液体高温下由于黏度过小不能保证液压系统正常工作。因此为了保证冬夏通用性，俄罗斯开发了石油基液压油。第一代产品为 MBΠ 液压油，该液压油目前主要作为仪表油使用。第二代为 AMΓ-10 液压油，具有良好的黏温曲线，使用温度范围为 -60~127℃。随着安全性要求的不断提高，第三代为抗燃液压油 7-50C-3，该液压油以硅油和双脂为基础油，具有良好的黏温性能、热安定性能、介电穿透性、抗水解性、抗燃性，是超音速飞机液压系统用油，使用温度范围为 -60~175℃。

美国第一代航空液压油在 20 世纪 50 年代开始使用，性能满足 MIL-JH-5606《军用规格液压液》规范要求，主要的基础组分为精制的轻柴油馏分，特点是低温性能好，可满足空军对低温性能的要求，但该油易燃、闪点相对较高，安全性不好。第二代为抗燃液压油，主要满足 MIL-H-83282《军用规格难燃液压液》规范要求。与第一代产品相比，第二代液压油具有闪点高、燃点高、总体抗燃性能好等特点，工作温度可达到 204℃。但在使用过程中发现第二代抗燃液压油的抗燃性能还不能满足战斗环境下飞机液压系统的抗燃需求，同时低温性能达不到-54℃的要求。1992年美国正式发布了MIL-H-87257《合成烃抗燃液压液》规范，即合成烃抗燃液压油性能规范，合成烃抗燃液压油不仅具有良好的抗燃性能，且低温性能完全能满足空军的需要。

我国航空液压油主要有三个品种，用于空中的10号航空液压油，符合SH 0358—1995《10号航空液压油》规范要求；用于地面的10号地面用航空液压油主要由中国石油生产，符合Q/SY RH2137—2007（2009）《10号地面用航空液压油》或Q/SY YM 0024-2000《10号地面用航空液压油（地面）》，主要用于东北西北油田封井、黑龙江挖掘机等市场，都以50℃的运动黏度规定牌号；军队用航空液压油一般是按40℃的黏度划分的，《石油基航空液压油》（GJB 1177—1991）由国防科学技术工业委员会批准。

## 2.8 航空冷却液

航空冷却液，顾名思义，即主要应用于航空器发动机等系统的冷却液。由于航空器发动机所处的外界环境、使用工况等条件均不同于陆地设备，其对冷却液除了有满足陆地冷却液的要求外，还有一些特殊要求。首先，在冰点牌号方面航空冷却液只有40号和65号两个，一般40号冷却液结晶起点温度不高于-40℃，65号冷却液结晶起点温度不高于-65℃，可根据实际需求选用合适牌号的冷却液。其次，在橡胶相容性方面，航空器发动机采用了一些特殊材质的橡胶件，需要考察冷却液对橡胶件的相容性，以保证不会发生泄漏的风险。

由于航空冷却液的特殊性，许多国家都发布相关标准，国内主要为GJB 6100—2007《军用航空冷却液规范》。每个国家的标准均根据自己航空发动机的特点提出了特殊的要求，但从组成上分析，各国航空冷却液差别不大，主要成分均是乙二醇和水，并添加防腐剂、防锈剂、缓蚀剂、消泡剂以及染色剂。然而各国冷却液在性能上有着明显的区别，如俄罗斯标准对航空冷却液有着极其苛刻的防腐蚀要求，这是由于其航空器材料全部采用轻质材料。

我国航空冷却液的研究起步较晚，产品性能较欧美发达国家还有差距。然而随着我国发动机技术以及材料科学的发展，航空冷却液的研究也会得到进一步发展。

## 2.9 航空润滑脂产品及发展

飞机上的润滑点多达 300 多个,其部件安装或维修时,使用的润滑脂产品可多达几十种,导致润滑脂产品库存多、使用错误率高、管理不便。美国通过对产品标准和技术规范的修订,将众多的航空润滑脂整合为满足大部分航空机械润滑要求的多用途润滑脂和高温润滑脂两大类。

我国航空润滑脂产品及名称仍较为复杂,有低温润滑脂、通用润滑脂、高温润滑脂和极压润滑脂,多用途、通用化、高性能将成为航空润滑脂的发展方向。

低温润滑脂多数采用合成烃、合成油或脂类油作为基础油,锂、复合锂、无极物为稠化剂,加入添加剂制备而成。国内产品有飞机仪表润滑脂、齿轮润滑脂及传动螺杆润滑脂

等，主要用于仪表、飞机齿轮及传动机构的润滑。昆仑代表产品有 2 号低温润滑脂，采用锂皂稠化合成基础油（PAO）制成，应用于飞机操纵系统、各种精密仪表、无线电设备的防护和润滑，使用温度范围为 $-60\sim120℃$。

通用润滑脂多以合成油为基础油，选用锂钙、复合锂为稠化剂，并加入添加剂制成。国外产品有 Aeroshell Grease 33、Mobil grease 27 等；昆仑代表产品有 7007、7008 通用航空润滑脂，用于航空电动机和微型电动机的轴承、齿轮及操纵机构的润滑，使用温度范围为 $-60\sim120℃$。

高温润滑脂通常用聚脲或者复合锂、稠化合成油或硅油制备，使用温度范围为 $-60\sim250℃$。国内产品有特 221 脂、7017 高低温润滑脂、航空仪表润滑脂等，主要用于精密器械、自动控制系统以及飞机平尾大轴承的润滑。昆仑代表产品有 7057 硅脂，适用于飞机起落架轮子 O 形橡胶密封圈的润滑，使用温度范围为 $-60\sim180℃$。

极压润滑脂多以锂或复合锂为稠化剂，以润滑性能好的酯类为基础油，加入石墨、二硫化钼等高效添加剂制备而成。昆仑代表产品有 3 号防锈石墨锂基脂，用于飞机降落伞滑出装置的润滑。

# 3 橡胶油（增塑剂）及其应用

橡胶油作为橡胶的增塑材料，在橡胶配合及加工过程中应用越来越广泛，是仅次于炭黑、生胶的第三大橡胶助剂。生胶、助剂、胶液凝聚、橡胶配合与加工共同组成了合成橡胶和橡胶制品的生产过程。

在合成橡胶胶液及其颗粒胶块生产过程中添加进去的增塑剂油称为橡胶填充油，如制造充油丁苯胶、充油苯乙烯系热塑性弹性体时所常用的 KN4010 橡胶填充油等。在橡胶鞋底、玩具等橡胶制品加工时，与配方中其他材料一起加入的橡胶油称为操作油，如市场上最有名的 KN4006 等。橡胶填充油和操作油统称为橡胶油。

在 2017 年实施的化工行业标准 HG/T 5085—2016《橡胶增塑剂 环烷基矿物油》中将符合标准要求、适用于苯乙烯系

热塑性弹性体（SBS）、苯乙烯-丁二烯橡胶、丁二烯橡胶、乙烯丙烯二烯烃三元共聚物、丁基橡胶、异戊二烯橡胶等橡胶合成用油以及橡塑制品的加工、增塑用油，定义为橡胶增塑剂环烷基矿物油。国家标准 GB/T 33322—2016《橡胶增塑剂芳香基矿物油》中，将符合标准要求、适用于苯乙烯-丁二烯橡胶、丁二烯橡胶、异戊二烯橡胶用油，以及橡胶轮胎加工的增塑、软化用油，定义为橡胶增塑剂芳香基矿物油。

橡胶油作为填充油时通常加入量是 20%~33%，作为橡胶加工的操作油时一般加入量是 2%~17%。具体用量根据所产胶料物理机械性能和加工性能的要求，以及填充剂的性质和用量而定。

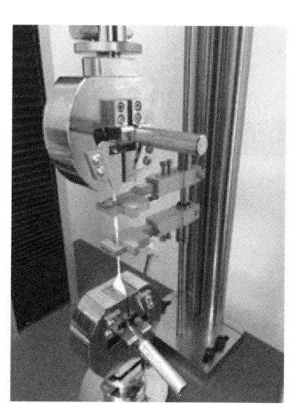

橡胶油的应用主要取决于它对充油橡胶力学性能的影响。充油橡胶的应力—应变性能，表征了橡胶在较小外力下可显示出高度形变，而在除去外力后又能恢复原形的特性。充油橡胶的强伸性能通常是以定伸应力（即一定伸长下的模量）、拉伸强度、扯断伸长率及撕裂强度等指标来体现。充油橡胶的强度和伸长率取决于黏弹性能，既反映在应力—应变性能对时间与温度的依赖性，也反映在胶片裂缝的形成与增长过程中。

## 3.1 橡胶增塑剂的分类及橡胶油的应用

橡胶胶料在进行混炼、压延、压出和成型时，必须具备适当的可塑性。为提高橡胶可塑性，一般采用加热、内部增塑、塑炼和添加增塑剂等四种方法。加热使结晶聚合物熔融，解除结晶结构或增大分子间隙。内部增塑是在聚合物分子链中加入另一种单体，以改变熔隔点或增宽可塑度范围。塑炼是通过物理方法降低橡胶相对分子质量，提高可塑性。添加增塑剂是用增塑剂分子把橡胶分子分开，从而降低其玻璃化转变温度、未硫化胶熔融黏度和硫化胶硬度。

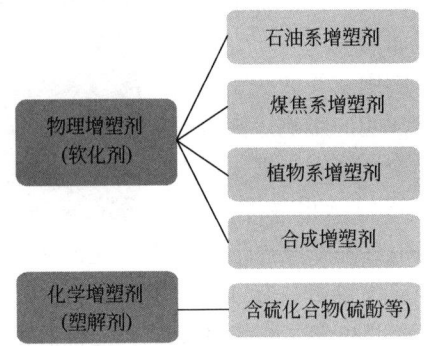

增塑剂是一种加入材料（通常是塑料、树脂或弹性体）中以改进其加工性、可塑性、柔韧性和拉伸性的物质。加入增塑剂可以降低熔融体黏度、玻璃化转变温度和产品的弹性模量，而不会改变被增塑材料的基本化学性质。

按照橡胶增塑的不同途径，增塑剂可分为物理增塑剂和化学增塑剂，而物理增塑剂中的石油系增塑剂（又称为橡胶油），应用最为广泛，是其他各类增塑剂使用总量的4倍多。

橡胶行业的下游企业，通常是从橡胶厂购入胶料，再在自己的工厂进行塑炼、混炼、压延、压出成型及硫化等加工（热塑冷弹体橡胶成型后无须硫化），在这些加工工艺中，必须加入2%~50%的橡胶油，才能将炭黑、硫黄等各种配料与橡胶混合均匀，通过配合加工，胶料就变成了具有实用价值的橡胶制品。当橡胶油用量在14份以下时，仅起增塑作用，被称为软化剂或操作油，应用于轮胎、鞋材、工具手柄、彩色橡胶制品等。

通常对于合成橡胶生产厂，在生产充油橡胶的工艺中，橡胶油就像水充入海绵中一样进入橡胶分子长链结构中，与橡胶分子相互交织在一起，当橡胶油用量在15份以上时，它对橡胶既起增塑作用又有增量作用，这时称其为填充油，应用于SBS、玩具、热熔胶、电线绝缘等。

橡胶增塑剂矿物油加入橡胶后，能降低橡胶分子链间的作用力，使粉末状配合剂与生胶之间有很好的浸润性，从而使混炼变得更容易，配合剂分散得更均匀。橡胶油能改善胶料的可塑性、流动性、黏着性，便于压延、压出和挤出等工艺操作。橡胶油还能改善硫化胶的某些物理结构性能，如降低硫化胶的硬度和定伸应力，赋予硫化胶较高的弹性和较低的生热性，提高其耐寒性。

橡胶油的价格一般低于生胶，并在某些橡胶中大量填充，可以降低生产成本。橡胶油在天然橡胶和合成橡胶的加工工艺中十分重要，作为橡胶的增塑体系在橡胶的配合及加工过程中应用越来越广泛。

## 3.2 橡胶增塑剂矿物油的四个关键性能

橡胶增塑剂矿物油的性能指标一般有十余项，但在生产、销售和应用的过程中，与其他润滑产品相比，最为特殊的是需要对颜色、光稳定性、热稳定性和碳型结构等四个指标，给予格外关注。

一是颜色。颜色能体现油品精制深度以及有无杂质混入或污染的程度，是橡胶油重要的表观性能指标。对于深度精制的轻质油品和白色或浅色橡胶油产品要使用 GB/T 3555—1992《石油产品赛波特颜色测定法（赛波特比色计法）》规定的赛波特比色计方法来区分细微的颜色差别，赛波特颜色号的范围从最深（相当于茶色）的-16 到最浅（所谓"水白色"）的+30。

二是光稳定性。橡胶中所含的双键对光、热、氧的作用较敏感，尤其在紫外光照射下，会发生黄变、交联、硬化变质而无法加工使用。橡胶油的光安定性是在中高档橡胶的加工生产中必须考察的一项重要指标。采用 Q/SY-RH-4018—2006《橡胶油紫外光稳定性测定法》或 HG/T 5085—2016 附录 A 的方法，在特制石英比色皿内装入（100±1）g 样品，

放在紫外光安定性测定仪内的转盘上,箱内温度为55℃,在两只300W的太阳灯照射下,紫外光强度为$(20\pm1)\times100\mu W/cm^2$,转盘转速为4r/min,太阳灯到转盘的距离为22.0cm,14h后测定试验前后样品赛波特颜色的变化,一般色号不应下降超过15个单位。

三是热稳定性。温度升高会使氧化反应的反应速率增加,橡胶在高温加工时由于双键的交联或降解会使胶料的性能恶化,橡胶油的热稳定性就成为橡胶加工生产过程中要考虑的一个重要因素。采用Q/SY-RH-4017—2006《橡胶油热稳定性测定法》、HG/T 5085—2016附录B的方法,在160℃±1℃下,将装有100g±

1g试样的样品杯放入试验箱转盘上以5~6r/min的速度旋转,4h后取出油样,通过测定油样在试验前后颜色的变化,来确定产品对热及空气影响的抵抗能力,一般色号下降不应超过15个单位。

四是碳型结构。将组成复杂的矿物油看成是由芳香烃、环烷烃和烷基侧链这三种结构组成的单一分子,采用SH/T 0725—2002《石油基绝缘油碳型组成计算法》方法,通过测试黏度、密度、相对分子质量及折光率,计算出油品中碳原子的结构类型$C_A$、$C_N$、$C_P$值,基于样品的碳型结构,可以判断其基属,作为应用推荐的技术基础。

$$C_A=\frac{芳香烃碳原子数}{该组分的总碳原子数}\times100\%$$

$$C_N=\frac{环烷烃碳原子数}{该组分的总碳原子数}\times100\%$$

$$C_P=\frac{链烷烃碳原子数}{该组分的总碳原子数}\times100\%$$

## 3.3 石油系增塑剂橡胶油的分类

1952年橡胶加工油研究专家Kurtz等人提出了著名的碳型分析法，被美国材料试验协会确定为标准试验方法ASTM D2140，并作为橡胶油基属分类的基础。

**橡胶油的分类方法**

| 橡胶油分类 | 石蜡基 | 环烷基 | 芳香基 |
|---|---|---|---|
| 碳型要求 | $C_P>60\%$ | $C_N>35\%$ | $C_A>30\%$ |

（1）芳香基橡胶油。$C_A$大于30%，极性化合物含量较高，与丁苯橡胶（SBR）、丁腈橡胶（NBR）和顺丁橡胶（BR））有优良的共混性。用其填充的SBR、NBR和BR具有良好的加工性能，拉伸强度和撕裂强度高，缺点是弹性较低，低温性能差，产品有污染性。根据欧盟REACH法案要求，自2010年1月1日起在轮胎生产中将全面禁止使用含有多环芳香烃等致癌成分的传统有毒芳香基橡胶油，环保橡胶油必须同时满足：PCA（多环芳香烃碳氢化合物）不大于3%，8种特定芳香烃总量不大于10mg/kg和苯并芘不大于1mg/kg。

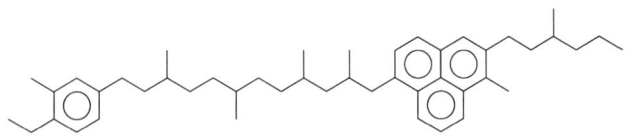

（2）环烷基橡胶油。$C_N$大于35%，环烷烃含量较高，而沥青质和极性化合物含量较低，与热塑性弹性体SBS、SBR、NBR和BR有较好的共混性。为非污染型填充油。用其制备的充油橡胶的颜色稳定，不易发生析油和喷霜现象。高压加氢工艺生产的环烷基橡胶油可用于生产无色或彩色橡胶制品以及玩具、工具手柄和卫生橡胶制品，且弹性优于填充芳香基橡胶油制品。

（3）石蜡基橡胶油。$C_P$大于60%，链状烷烃含量高，使得其与环状结构的橡胶相容性最弱、充油加工困难，但其稳定性好、弹性好、强度好；适用于饱和度高的乙丙橡胶（EPM）等白色或着色橡胶制品，以及要有良好的耐候性，特别对紫外线老化有良好安定性的汽车密封件橡胶制品的生产上。具有链状结构的石蜡基油分子链更为柔顺，这有利于提高试样的耐屈挠性，但是，由于SBS的网状结构中有很多开口，石蜡基油有更大的透过速度，从胶体中渗出的倾向也大，并且烷烃的极性小，迁移时需要的能量小，更容易从SBS中渗出（颜色游离现象）。

对于应用于橡胶行业的橡胶增塑剂矿物油来说，以上理化性能只能初步判断油品是否可以应用于某一胶种，至于应用效果还需要通过充油试验来确定，根据不同碳型结构的增塑剂制备出充油胶胶片的力学性能、相容性能和加工性能来综合考察增塑剂产品的质量。

## 3.4 昆仑橡胶增塑剂矿物油及应用

昆仑橡胶油是中国石油润滑油公司推出的优质产品，依托克拉玛依和辽河两大橡胶油生产基地独特的资源、优势的技术，为我国橡胶行业提供了环烷基、芳香基和石蜡基三大系列多品种牌号的优质橡胶油产品。

**昆仑橡胶油产品及主要应用领域**

| 橡胶油产品系列 | 黏度/质量牌号 | 应用领域 |
|---|---|---|
| 环烷基矿物油A/B/H型 | N6H、N10H、N6A、N6B、N10A、N10B、N14A、N14B、N18A和N18B | 鞋材、热熔胶、橡塑制品、橡胶助剂、润滑脂、凡士林、纺织化纤 |
| 优质环烷基矿物油 | KN4006、KN4010、KN4008 | 充油SBS、高档鞋材、热熔胶、橡塑制品、橡胶助剂、润滑脂、凡士林、纺织化纤、食品加工、医药、玩具、化妆品 |
| 石蜡基矿物油 | P6005、P6025、P6030 | 充油三元乙丙胶、汽车密封件 |
| 芳香基矿物油 | A20、A30、A50和A160 | 充油丁苯胶、轮胎、胶管、鞋材 |
| 工艺用油 | SP-10 | 橡塑隔膜加工 |
| 光缆膏专用油 | KGN3510 | 光缆膏、光纤膏 |
| 医药级凡士林专用油 | KFN3506、KFN3508、KFN3510 | 医药级凡士林 |
| 胶黏剂专用油 | KJNJ360 | 胶黏剂 |
| 润滑脂专用油 | KZ50、KZ160 | 润滑脂 |

1999年橡胶油研究室成立，依托克拉玛依油田特有的环烷基资源优势，致力于橡胶油产品的研制开发与市场服务。研究室拥有橡胶材料电子拉力机、炼胶机、注塑机、耐磨试验机、屈折试验机、色彩色差仪、硫变仪、热熔胶涂布机等齐全的橡胶及制品评定设备，模拟橡胶及制品生产过程，建

立了充油 SBS 评定体系和热熔胶评定体系。

KN 系列环烷基橡胶增塑剂产品通过 SGS 检测，符合美国 FDA§178.3620(b)—2012《矿物油可以安全地用作与食品接触的非食品物品的一个组成部分—技术级白油》的条款，符合欧盟 REACH 法规中 197 项高度关注物质限制要求。

国内光缆膏制造中一直填充进口白油或聚 α 烯烃合成油，光缆膏性能良好但价格昂贵。环烷基橡胶油 KN4010 与其他材料相容性好、低温性能好、折光指数低、重金属含量低、蒸发损失低，已经成为目前光纤膏、光缆膏替代合成油的矿物油。

通过高压加氢生产的高度饱和的 N 系列橡胶油和 P 系列橡胶油具有优异的抗氧化性能，较低的挥发损失有助于防止老化收缩，有利于改善制品粗糙、有气泡等不良外观，极低的芳香烃含量延长了橡胶使用寿命，保证了产品的环保性能。KN4006 已经成功应用于输液袋等医疗耗材上。

在高端汽车密封件和冰箱密封条的生产中，选择昆仑橡胶油。昆仑橡胶油除了具有优异的环保、安全性以外，与 SEBS 和三元乙丙胶有良好的相容性，提供了最佳力学物性和最低的硫化收缩比，使得密封件产品性能更加符合设计要求。

不溶性硫黄，如 180~240 目的不溶性硫黄粉，约 99% 都是充油型。非充油型不溶性硫黄呈粉末状，易飞扬，运输不便，同时在使用过程中也不易均匀分散于橡胶中，对环境污染有一定的影响。不溶性硫黄一般要进行充油处理，使不溶性硫黄颗粒表面完全被油品所包覆。不溶性硫黄具有化学和物理惰性，在胶料中分布稳定性好，制品硫化交联点均匀，克服了胶料表面喷霜现象，并能防止胶料在加工过程中出现早期焦烧现象。

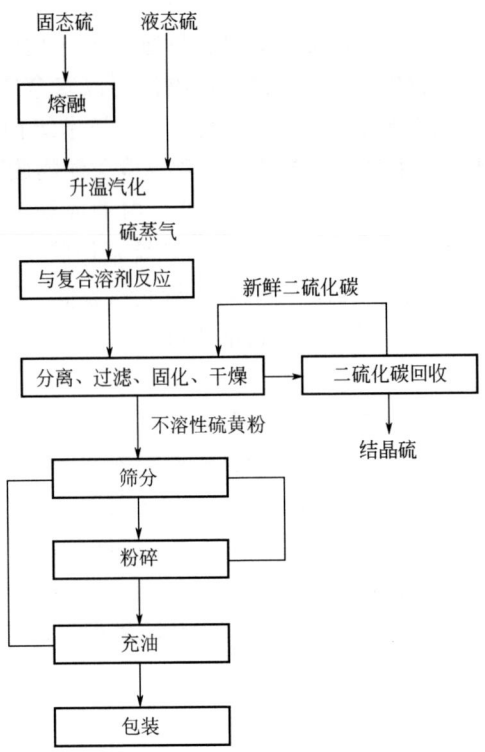

## 3.5 不同类型充油橡胶和充油制品的充油特性

应用最为广泛的热塑性弹性体SBS分子由聚苯乙烯链段（S硬段）、聚丁二烯链段（B软段）、聚苯乙烯链段（S硬段）三节链段相嵌而成。橡胶油分子与热塑橡胶中聚丁二烯和苯乙烯具有一定的亲和力，环烷烃定位在SBS的苯乙烯和丁二烯两相之间，因此根据相似相容的原理，油品可进入橡胶微区，增加流动型、耐屈挠性、回弹性，从而改善SBS硬度和强度。环烷基油是以环烷烃为主要组分的混合物，所以它没有统一的分子式，而只能用一个有代表性的模型来代表。环烷基油分子主要由一个或多个饱和环状碳链为主体，其上再连接若干支链。

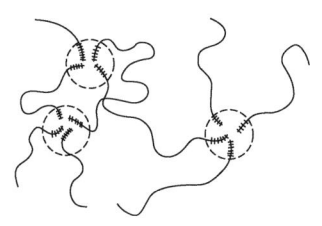

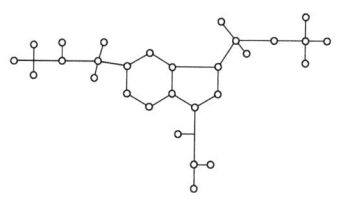

最大充油率试验方法：在100份SBS（YH-803）干胶中分别充入不同份数、不同类型的橡胶油，手动均匀搅拌30min直至油充分渗入胶粒中，放置24h后观察胶粒是否渗油，以胶粒完全润湿呈饱和态、杯壁没有附着油时的最大充油份数作为该橡胶油在SBS中的最大充油量。

**最大充油量试验**

| 橡胶油类型 | 充油量，g | 观察渗油现象 |
| --- | --- | --- |
| 石蜡基油 | 50 | 完全润湿，不渗油 |
|  | 67 | 渗油 |
| 中间基油 | 50 | 胶粒干爽 |

续表

| 橡胶油类型 | 充油量，g | 观察渗油现象 |
|---|---|---|
| 中间基油 | 67 | 完全润湿，不渗油 |
| | 83 | 渗油 |
| 环烷基油 | 83 | 微润湿，不渗油 |
| | 90 | 润湿，不渗油 |
| | 100 | 胶粒润湿，微渗油 |
| 芳香基油 | 110 | 微润湿，不渗油 |
| | 130 | 润湿，不渗油 |
| | 140 | 胶粒润湿，渗油 |

环烷基油与石蜡基油相比相容性好。采用SEBS干胶，充入16倍石蜡基油（德国汉森2071P）与环烷基油（昆仑KN4010），然后硫化成胶片，将胶片放在上、下两片滤纸中间，小心放入60℃烘箱中，16h后取片观察油斑直径。环烷基油KN4010的渗油率小、油斑直径小（7.7cm），石蜡基油渗油率大、油斑直径大（9.2cm）。将石蜡基油充入SEBS橡胶中，由于相容性不好，导致油从橡胶中渗出影响黏接，彩色橡胶会出现颜色转移（喷霜）现象，橡胶力学性能降低，粒料的强度出现较大下降。

用KN4006环烷基油和150N石蜡基油进行SBS充油试验（30份），充油橡胶性能评定如下：环烷基油的抗张强度和硬度比石蜡基油大，伸长率和永久变形率比石蜡基油小。

**环烷基油和石蜡基油充油橡胶性能评定**

| 样品 | $C_N$ % | 40℃运动黏度 mm²/s | 抗张强度 MPa | 伸长率 % | 永久变形率 % | 硬度（邵A） |
|---|---|---|---|---|---|---|
| SBS（干胶） | — | — | 26.1 | 680 | 40 | 82 |
| 充油30%（KN4006） | 50 | 5.968 | 16.1 | 870 | 32 | 70 |
| 充油30%（150N） | 30 | 5.449 | 12.1 | 1010 | 36 | 62 |

环烷基油能够提供较高的溶解能力，可以与 SIS 压敏胶的橡胶段和塑料段很好相容，在 SIS 压敏胶中环烷基油可以更为均匀地分散开来，增强了各相之间的吸引力。以环烷基油 KN4010 和 KG6W 制成的 SIS 压敏胶，其 180°剥离强度明显要优于以石蜡基油 KP6025 和 KP6030 制成的 SIS 压敏胶。在相同的苯乙烯含量条件下，环烷基油 KN4010 制成的热熔胶产品具有更高的软化点及初黏力性能。

## 3.6 环保型橡胶增塑剂芳香基橡胶油

中国合成橡胶消费量居世界第一,约占世界消费总量的21.8%,其中轮胎和制鞋工业是橡胶消费的主体,约占总消费量的65%。其中用于生产轮胎的乳聚丁苯橡胶的发展方向是增加非污染型充油牌号;充油丁苯胶的产量占丁苯胶总产量的80%以上,100份丁苯胶的充油量为15~50份,最常见的是填充37.5份。

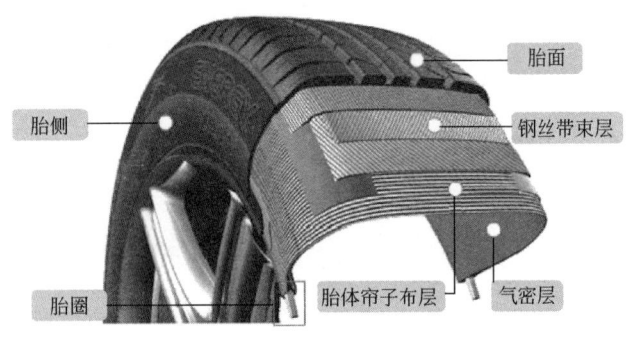

芳香基橡胶油中含有较高的极性化合物,与丁苯橡胶有良好的共混性,制备的充油丁苯橡胶胶料,具有良好的加工性、拉伸强度、扯断伸长率和抗撕裂性,其缺点是产品有污染性,弹性较低,低温性能较差。

环保与节能是当今材料工业发展的两大主题,根据欧盟材料法规2005/69/EC(REACH)指导意见,从2010年1月1日起,凡是涉及轮胎制造或者轮胎翻新的生产厂家不得使用有毒的芳香烃橡胶油DAE,而必须使用可替代的环保型轮胎橡胶油。也就是苯并[a]芘(BaP)含量必须低于1mg/kg;同时8种多环芳香烃(PAHs):苯并[a]芘(BaP)、苯并[e]芘(BeP)、苯并[a]蒽(BaA)、䓛(CHR)、苯并[b]荧蒽(BbFA)、苯并[j]荧蒽(BjFA)、苯并

[k]荧蒽(BkFA)、二苯并[a,h]蒽(DBAhA),总含量应低于10mg/kg;PCA(Polycyclic Aromatics,分子结构中含有两个或两个以上芳香环的化合物,称为多环芳香族化合物)含量小于3%。

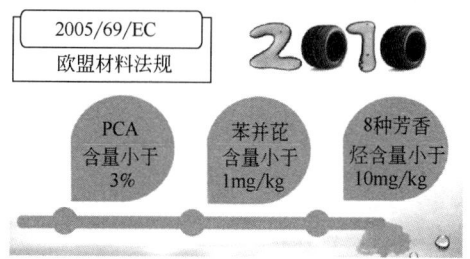

环保型橡胶增塑剂芳香基矿物油一般分为NAP、TDAE、MES和SRAE四类。NAP即重环烷油,如尼纳斯的Nytex8450、N4700,克拉玛依石化NAP系列;TDAE是传统芳香烃橡胶油DAE经二次精制的产物,如德国汉森的Vivatec500、Vivatec400;MES是石蜡基基础油生产过程的副产品,如埃克森·莫比尔的Flexon 683;SRAE(TRAE)是残渣油原料的芳香烃橡胶油DAE再次处理得到的产品,如壳牌595B。

## 3.7 橡胶增塑剂使用常见四个问题

橡胶增塑剂不仅在合成橡胶企业使用，更多在橡胶制品加工企业使用，在橡胶增塑剂销售和使用过程中，不同的相关者会有各自的问题，综合起来，闪点、芳香烃橡胶油、环烷基油及不同基属产品的混用是最常被问到的四个问题。

一是为什么将闪点作为选择橡胶油的一项重要指标？闪点是保证橡胶油在储存和使用过程中安全性的一项指标，也是表明蒸发倾向性的指标。在温度条件较高的橡胶加工、生产过程中，橡胶油闪点过低会产生大量挥发性可燃气体，工人吸入后不利于身体健康，产生不安全因素，同时由于橡胶油中一部分组分的挥发，造成实际充油量的降低，充油橡胶的各项性能也相应受到影响。

二是为什么在黑色的汽车密封件生产中不能用芳香烃橡胶油？橡胶填充油对三元乙丙橡胶（EPDM）的影响随着聚合物的黏度和第三单体的种类及用量不同而不同。由于芳香烃类油的芳香稠环会吸收自由基，所以对过氧化物硫化有影响，不易在快速硫化中使用。石蜡基和高饱和度的环烷基橡胶油的加工性能良好，且能得到较高的抗张强度，EPDM 通常采用石蜡基橡胶油或环烷基橡胶油。

三是在橡胶增塑剂领域环烷基油有何优势？在合成橡胶中，油品作为增塑剂，可软化橡胶聚合物并防止其凝固。芳香烃橡胶油的使用因健康和安全问题正日益受到质疑。在很多应用场合中，石蜡基油无法提供足够的溶剂化能力。随着高压加氢工艺的发展，生产出具有高溶剂化能力的环烷基油，可用于多种聚合物和弹性体。

四是不同类型的橡胶油能否混用？应该使用环烷基橡胶油的橡胶（如热塑性弹性体 SBS）如果填充了石蜡基橡胶油，那么由于石蜡基油的链状结构与 SBS 的网状结构不能很好相容，使油品的填充量大大减少，并且橡胶中的油液会发生迁移现象，渗出到橡胶表面，这样使硫化胶的物性变差(伸长率降低、硬度增大等)。

三元乙丙橡胶不饱和度低，广泛使用过氧化物硫化。一般选择石蜡基橡胶油，如果填充了环烷基橡胶油，那么环烷基油会干扰过氧化物的硫化反应进而影响橡胶的性能。只有极性物质含量为零或极少的深度精制的环烷基油才能用于三元乙丙橡胶。

在使用芳香基橡胶油的轮胎及橡胶制品行业，虽然环烷基橡胶油是全球提倡环保与健康的首选材料，使用环烷基橡胶油是大势所趋，但相对于芳香基橡胶油，它充油量小、价格高，还不能被大多数企业接受。

# 4 防锈油脂及其应用

金属锈蚀是一种常见的材料损失形态，以用量最大的金属——铁制品的腐蚀最为常见。锈蚀会显著降低金属材料的强度、塑性、韧度等力学性能，破坏金属构件的几何形状、增加零件间磨损、恶化电学光学物理性能、缩短设备使用寿命，甚至会成为诱发火灾、爆炸等灾难性事故的因素。

全世界每年因生锈而报废的钢铁达几千万吨，一些主要工业国家每年因金属材料腐蚀造成的经济损失约占国民经济生产总值的2%~4%；我国每年包括间接损失在内的腐蚀总损失达4900亿元以上，约占GDP的5%。引起金属腐蚀的原因很复杂，往往是化学腐蚀、电化学腐蚀以及大气腐蚀共同作用的结果。为了有效防止金属制件和设备的腐蚀，一般采取三方面措施：一是尽量控制环境因素；二是提高金属自身的耐腐蚀性，如掺杂特殊元素制成耐腐蚀钢、化学转化处理（如表面磷化）、永久性涂层防护（如油漆或镀层）；三是使用暂时性涂层防护，也就是防锈油脂来提高其抗腐蚀能力。

防锈油脂是对金属制品在工序间、运输和储存时提供暂时防锈保护的防护用油脂，涂覆于金属材料表面后会形成一层防锈油膜，所含的防锈添加剂在金属表面吸附成膜，可以有效地将金属表面与周围环境隔离开来，起到防护作用。防锈油脂具有防锈效果好、使用方便、成本低廉、易施工、操作简便、易去除等优点，广泛应用于金属加工领域，如金属零部件、钢板、钢管等金属材料均需要使用防锈油脂进行防锈处理后，再包装出厂。

防锈油脂经过多年发展，已形成除指纹型、溶剂稀释型、脂型、润滑油型和气相防锈油五大类，每一大类又细分为不同的小类别，随着生产工艺的不断革新，还出现了如静电喷涂防锈油等新型防锈油产品。不同类型的防锈油脂产品需要根据金属材质、防锈周期、前后工艺、结构形状、存储运输环境及终端客户要求等因素进行科学选用，才能实现有效的防护。

本章简明而系统地阐述了防锈油脂的分类、防锈油脂性能评价方法、主要防锈油脂的应用以及防锈油脂的选用原则等内容，为广大营销服务人员和用户在推荐、选择及使用防锈油脂时提供理论依据和经验参考。

## 4.1 防锈油脂及其分类

金属制品在其加工、仓储、运输及使用过程中，不可避免受到周围环境中水汽、氧气、酸性气体以及海洋含盐潮湿大气等因素影响，会发生由化学或电化学作用引起的锈蚀。为了有效防止金属制件和设备的腐蚀，人们除了尽量控制环境因素以外，常通过提高金属自身的耐蚀性（如掺杂特殊元素制成耐腐蚀钢）、化学转化处理（如表面磷化）、永久性涂层防护（如油漆或镀层），以及使用暂时性涂层防护（也就是防锈油脂）来提高其抗腐蚀能力。

防锈油脂正是通过在石油类基本组分中，通过加入防锈剂、金属钝化剂、抗氧抗腐剂等辅助添加剂，对金属制品在工序间、运输和储存时提供防锈保护的一种较理想、有效的防护方法。防锈油脂具有防锈效果好、使用方便、成本低廉、易施工、操作简便和易去除等优点，在整个防锈工作中占有重要的地位，在国内外大量生产和使用，消费量约占润滑油脂总消费量的1%。

我国防锈油脂分类标准 GB 7631.6—1989《润滑剂和有关产品（L类）的分类第六部分：R组（暂时保护防腐蚀）》于1989年发布，等效采用 ISO 6743-8—1987《暂时保护防腐蚀产品的分类标准》，2000年发布了防锈油脂产品行业标准 SH/T 0692—2000《防锈油》，产品代号按国际分类及产品规格制定导则确定，技术内容等效采用日本 JIS K2246—1994《防锈油》工业标准，将防锈油分为除指纹型、溶剂稀释型、脂型、润滑油型和气相防锈油五种类型，并根据油膜的性质、油的黏度进行详细分类。

## 防锈油产品标准分类（SH/T 0692—2000）

| 种类 | 代号 | 油膜的性质 | 主要用途 |
|---|---|---|---|
| 除指纹型防锈油 | L-RC | 低黏度油膜 | 除去机械部件上的指纹达到防锈目的 |
| 溶剂稀释型Ⅰ | L-RG | 硬质膜 | 室内外防锈 |
| 溶剂稀释型Ⅱ | L-RE | 软质膜 | 以室内防锈为主 |
| 溶剂稀释型Ⅲ1号 | L-REE-1 | 软质膜 | 以室内防锈为主（水置换型） |
| 溶剂稀释型Ⅲ2号 | L-REE-2 | 中高黏度油膜 | |
| Ⅳ | L-RF | 透明、硬质膜 | 室内外防锈 |
| 脂型防锈油 | L-RK | 软质膜 | 转动轴承等高精密加工表面防锈，涂布温度80℃以下 |
| 润滑油型Ⅰ1号 | L-RD-1 | 中黏度油膜 | 金属材料及其制品的防锈 |
| 润滑油型Ⅰ2号 | L-RD-2 | 低黏度油膜 | |
| 润滑油型Ⅰ3号 | L-RD-3 | 低黏度油膜 | |
| 润滑油型Ⅱ1号 | L-RD-4-1 | 低黏度油膜 | 内燃机防锈，以保管为主，适用于中负荷、暂时运转的场合 |
| 润滑油型Ⅱ2号 | L-RD-4-2 | 中黏度油膜 | |
| 润滑油型Ⅱ3号 | L-RD-4-3 | 高黏度油膜 | |
| 气相防锈油1号 | L-RQ-1 | 低黏度油膜 | 密闭空间防锈 |
| 气相防锈油2号 | L-RQ-2 | 中黏度油膜 | |

## 4.2 防锈油脂性能评价方法

锈蚀是一个缓慢的化学腐蚀或电化学腐蚀过程,往往经过数月甚至数年才会显现出来。而防锈油脂作为抑制锈蚀发

生的一种防护手段,难以用数年时间来评判其性能优劣,所以往往采用模拟加速的方式进行评价。防锈油脂防锈性能的试验方法很多,总体分为两大类:第一类是大气暴露试验,如大气曝晒、百叶箱、室内储存试验等,方法简单易行,但试验周期长,影响因素多,试验结果的重现性一般较差;第二类是室内加速试验,即在实验室内,用各种装置模拟实际使用条件来评价防锈油脂的防护性能,周期短,能精确控制腐蚀条件,可得到重现性较好的试验结果,但试验结果有相当的局限性,每一个试验结果只能反映防锈油脂某一方面的性能,为了全面反映防锈油脂各项性能,一般都要做几个项目的加速试验。

用于评价防锈油脂性能的国家和石化行业标准试验方法主要有湿热试验和盐雾试验等七项。GB/T 2361—1992《防锈油脂湿热试验法》,评定油溶性缓蚀剂、防锈油脂在高温、高湿度条件下对金属的防护能力;SH/T 0081—1991《防锈油脂盐雾试验法》,评定防锈油脂和油溶性缓蚀剂在盐雾存在情况下对金属的防护性能;SH/T 0025—1999《防锈油盐水浸渍试验法》,评定防锈油在盐水全浸条件下对金属的防护性能;SH/T 0036—1990《防锈油水置换性试验法》,评定缓蚀剂及防锈油对水的置换能力;SH/T 0080—1991《防锈油脂腐蚀性试验法》,评定防锈油脂及添加剂在规定的温度、时间下,对金属的腐蚀性能;SH/T 0083—1991《防锈油耐候试验法》,

评定溶剂稀释型硬膜防锈油的耐老化和防锈性能；SH/T 0106—1992《防锈油人汗防蚀性试验法》，评定防锈油防止人汗引起金属腐蚀的性能。

其中，盐雾试验在 35℃±1℃ 的盐雾箱内，空气饱和器的温度为 47℃±1℃，配制 pH 值为 6.5~7.2 的 5%±0.1%（质量浓度）盐水，喷嘴空气压力为 98kPa±10kPa，盐雾沉降液量为 1.0~2.0mL/(h·80cm$^2$)，连续喷雾 24h 为一个周期，开箱观察试片表面锈蚀情况。

湿热试验：试片架转速为 1/3r/min，试片悬挂处温度为 (49±1)℃，箱内相对湿度在 95% 以上，空气通入量为每小时约 3 倍于箱内容积，箱体底部蒸馏水层深度为 200mm，pH 值为 5.5~7-5。湿热箱应设置在清洁及无二氧化硫、硫化氢、氯气、氨气等腐蚀性气体影响的地方，环境温度保持在 15~35℃，24h 为一个试验周期，开箱观察试片表面锈蚀情况。

根据油品的具体用途，还常常采用很多其他的试验方法，如百叶箱试验，用于评定防锈油脂在不经直接日晒、雨淋、大气尘埃沉降的通风条件下，对金属的防护能力；室外暴露试验，用于评定防锈油脂在直接受日晒、雨淋、风吹自然条件下，对金属的防护能力；人工气候试验，模拟自然条件，加速测定防锈油脂的耐气候和耐老化性能；二氧化硫加速腐蚀试验，模仿工业大气，评定防锈油脂的防护性能；凝露腐蚀试验，模仿在水不断凝缩的条件下防锈油脂的防护性能；油基稳定性试验，评定防锈油脂在储存和使用过程中，产生分层和沉淀的性能。

## 4.3 除指纹型防锈油

除指纹防锈油也称为水置换性防锈油、脱水防锈油,能置换残留于金属加工零件表面上的汗迹和少量水分,脱除指纹和汗渍,同时在金属零件表面形成一层防锈油膜,保护金属不受湿气和腐蚀性气体的侵蚀,防锈期 1~6 个月。

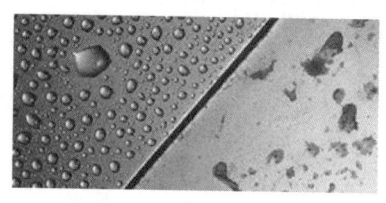

该油对一些形状复杂的金属工件内腔表面、沟槽甚至是缝隙部位均可起到防锈保护作用,适用于以水性金属加工液加工后的汽车、电子、钢铁、冶金、航空等行业金属零部件的工序间防锈和中、短期库存防锈。使用时,金属零件应先在清洗剂中清洗干净,并用自来水冲洗干净后浸入脱水防锈油中浸泡 1~3min,并不断地抖动及翻动工件(尤其是有孔隙、盲孔内腔等的工件),使所有工件面层浸入防锈油中,使脱水彻底。

实验室评价防锈油水置换性一般采用如下方法:将浸润过蒸馏水的试片,浸入防锈油试样中 15s 后,放入恒温湿热槽内,在 23℃±3℃ 条件下放置 1h,以观察试片上有无锈蚀、污斑。

## 4.4 溶剂稀释型防锈油

溶剂稀释型防锈油是以防锈剂为主剂,辅以成膜剂、抗氧剂、溶剂油调配而成。成膜剂可以是蜡、凡士林或其他蜡状物,如氧化石油钡皂等,也可以是合成树脂。溶剂稀释型防锈油中含有挥发性溶剂,如汽油、煤油、溶剂油等。当溶剂挥发后,在金属表面形成一层均匀的油膜。溶剂稀释性防锈油的特点是干燥快、油膜薄而透明、防锈性可靠,使用较多。根据溶剂挥发后成膜的特性,溶剂稀释型防锈油一般分为硬膜防锈油和软膜防锈油两类。

硬膜防锈油主要由成膜剂、防锈剂、稀释剂及辅助添加剂组成,多使用沥青、石油树脂或合成树脂为成膜剂,涂于金属表面后溶剂自然挥发,形成一层均匀的透明硬质薄膜,不粘手、不粘尘埃杂质、透明美观,防锈性好(防锈期 1~3 年以上),可以耐受雨水冲刷、盐雾腐蚀等苛刻条件。硬膜防锈油一般用于大型机械设备表面的防锈、露天条件下存放的原材料和设备的封存防锈,如石油钢管、板材等金属材料非活动部位的中、长期封存防锈。硬膜防锈油使用时必须待溶剂挥发后,才允许工件之间相互接触和包装,否则会粘连在一起,破坏硬膜的形成,适用于结构较为简单金属制件,但不适用于中小工件,结构复杂、带有小孔等的工件及堆叠放置零部件的防锈处理。其缺点是含易挥发的溶剂,闪点低,存在一定的安全隐患,特别是在运输环节。随着《中华人民共和国大气污染防治法》对挥发性有机化合物(VOC)的管控,以及出于操作环境安全健康的考虑,溶剂稀释型硬膜防锈油的生产、储运和使用必须进行严格的安全管理。

　　软膜防锈油主要由成膜剂、防锈剂、基础油、稀释剂组成,不同于硬膜防锈油,其成膜剂多使用羊毛脂、石蜡、凡士林等,溶剂挥发后在金属表面留下一层软脂状油膜,油膜附着力强,不易流失,但容易用溶剂洗去,适合于室内较长时间的防锈和短期的防锈。软膜防锈油可用于中小机械制品、军械武器零部件、工具仪表等结构相对较复杂或精密零部件的室内外封存防锈,如工具、模具、夹具、刃具、量具和小五金类产品单件包装防锈,以及大型机械零部件和钢材的外部防锈。

## 4.5 防锈脂和气相防锈油

防锈脂是类似润滑脂的软膏状防锈材料,常用凡士林或石油蜡作为稠化剂,再辅以适当的防锈添加剂,使用时一般以热涂方式进行防锈。其特点是油膜厚度大,一般为 0.01~0.2mm,甚至是 0.2~1mm,油膜强度高、不易流失和挥发、耐候性好,防锈周期可长达两年以上。

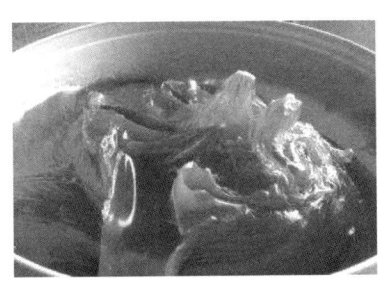

防锈脂虽然防锈效果优异,但其使用时施工工序繁杂,启封时清洗也非常困难。防锈脂一般用于精密机械部件的库存长期防锈和金属制件的户外防锈,常用于油田、化工厂、加油站、天然气站、矿井、水利设施等户外管道法兰、螺栓、螺杆的防锈处理,昆仑 RK 系列防锈脂产品已在石油钻井等场合得到应用。

气相防锈技术就是在包装容器或封存空间放置一定量的气相防锈剂(VPI 或 VCI),或涂有气相防锈剂的气相防锈纸和气相塑料薄膜,其防锈剂不断缓慢挥发出防锈气体,形成一定的蒸气压,充满封存空间,甚至装备元件的缝隙,有效地抑制金属部件锈蚀,该方法又称作气相封存技术。

气相防锈油则是含有油溶性并能在常温下汽化的防锈剂的防锈油,可对设备内腔裸露金属表面起到良好的防锈作用,主要用于密闭系统设备或箱体内部的防锈保护。气相防

锈油防止金属腐蚀的机理至今仍有争论，一般解释为成膜吸附和电极过程防锈机理，多数人认同成膜理论。

　　根据气相防锈油特殊的作用方式和使用工况，除考察其常规的抗湿热性能外，还须依据 SH/T 0660—1998《气相防锈油试验方法》标准考察其气相防锈性能。在装有试件的密闭容器中，放入气相防锈油试样和丙三醇溶液，在 20℃ 条件下保持 20h，然后冷却试件使其表面结霜，3h 以后观察试件上有无锈蚀发生。为考察气相防锈油的保持能力，一般还须考察其在 23℃ 条件下敞口暴露 7d 后和在 65℃ 条件下密闭保持 7d 后的防锈性能。

## 4.6　润滑油型防锈油

润滑油型防锈油相比于其他类型的防锈油,除了具有最主要的防锈功能外,还兼具一定的润滑作用,可为对防锈和润滑都有需求的应用场合提供防护。其组成为润滑油基础油、防锈剂、润滑剂、抗氧剂等,其主要功能为防锈,但应用工况的不同造成品种繁多,按其用途分为封存防锈油和防锈润滑两用油。

封存防锈油适用于工序间零部件、半成品、零部件成品的长周期封存,而防锈润滑两用油主要用于金属部件表面的防锈保护,特别是像发动机、变速箱、齿轮箱、液压油箱等的暂时封存工况,后期可不清洗直接注入相应的润滑油。

行业标准中虽然对润滑油型防锈油的分类较为简单,仅有传统的普通润滑油型防锈油和内燃机封存防锈油,但随着新兴技术的应用以及加工技术的专业化,逐渐出现一些静电喷涂防锈油、链条防锈油、轴承防锈油等类型,并逐渐成为重要品种。

昆仑 RA 系列中短期防锈油、RB 系列薄层防锈油、RC 系列长寿命封存防锈油、RD 系列高清净减振防锈油以及 RE 系列静电喷涂防锈油等多种润滑油型防锈油产品,具有不同防锈周期,可满足客户不同防锈需求。其中,RC 系列长寿命封存防锈油经中国兵器内蒙古第一机械制造集团有限公司试验满意,得到润滑材料确认;RE系列静电喷涂防锈油获得国内静电喷涂技术权威机构武汉科技大学的认可;RA、RB以及RD系列产品均得到应用。

**润滑材料确认书**

中国石油润滑公司:

贵公司的长寿命封存防锈油产品,经过我单位两年的室内室外封存试验证明,该产品防锈性能优异,符合相应的技术标准和使用要求,可作为金属制件长周期封存防锈油品,特此确认。

中国兵器内蒙古第一机械制造集团有限公司

二零一三年十一月

## 4.7 静电喷涂防锈油

静电喷涂防锈油是针对静电涂油机设计开发的特种防锈油产品，主要用于钢厂板带产品的防锈润滑处理，特别是冷轧薄板的静电涂油防锈。传统的金属板带材防锈处理是利用辊式涂油机涂覆防锈油，将防锈油通过喷嘴喷到毛毡辊上，再滚抹到板带材表面，这种涂覆防锈油的方式常出现漏涂、涂油不均匀等现象，涂油效果差，达不到防锈目的，而且涂油量大且不能准确控制，造成防锈油大量浪费、塌卷和环境污染，还会给后续工序（如脱脂、冲压等）带来很大麻烦并增加其生产成本。静电喷涂防锈油的特点则在于涂油均匀、涂油量小、防锈效果好（1年以上）、后续工序（如脱脂、冲压等）简单。

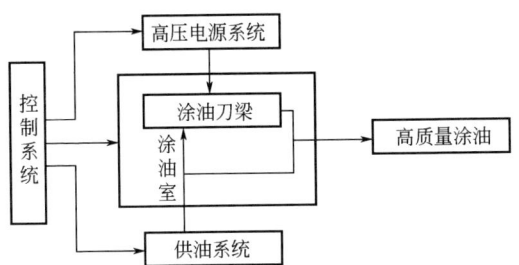

静电喷涂防锈油系统的工作原理：供油系统依据控制系统所给信号，将定量的防锈油供给涂油室内的涂油刀梁。涂油刀梁与直流高压发生器的负极相接，行进中的带钢（或钢板）接地，两者组成高压静电场，涂油刀梁的刃口沿梁身开有很长的缝隙供防锈油流出。流出的防锈油受高压静电场的作用和尖端放电的影响，会从刃口间隙喷出并迅速雾化，吸附于钢材表面而形成匀薄的油膜。成品钢板一般要多层叠放包装，带钢则要卷紧包装，因此要求钢板（带）上形成的油膜厚度均匀，吸附强度较高，而且耐压、耐磨，能真正起防锈润滑作用。

根据静电喷涂防锈油的特殊使用途径，除要求其具有良好的防锈性和润滑性外，它还须具备良好的绝缘性以保证涂油机和操作人员的安全，一般要求其击穿电压高于30kV；良好的清净性，即要求达到无水分和机械杂质的水平；良好的脱脂性，即喷涂于钢板表面的防锈油易于清洗掉，不影响后期的加工工序；适宜的表面张力和黏度也是实现良好喷雾性能的必要条件。

昆仑RE系列静电喷涂防锈油可用于普碳钢板和镀锌钢板，并获得国内静电喷涂技术权威机构武汉科技大学认可。

## 4.8 轴承和链条防锈油

轴承作为当代机械设备中的一种重要零部件,几乎出现在所有的传动机构中。当轴承加工完成后,其包装防锈是非常重要的一环,不仅可以保证成套轴承在仓储及运输过程中光亮如新,而且可以最大限度保证其精度不受影响。成套轴承由于类型不同,有些轴承出厂时并不加注润滑脂,其各组件之间需要一定的润滑,以保持运转顺畅;有些轴承在出厂包装时需要加注润滑脂,这就要求防锈油要与润滑脂具有良好的兼容性,同时还必须有良好的清净性,不会对入成品轴承的减振性能造成影响。此外,对于出口的轴承产品,由于海运环境高温、高湿和高盐雾的特点,所以轴承用防锈油还需具有良好的抗湿热、抗盐雾性能。近年来,随着国内轴承加工水平的提升,越来越多的轴承产品出口到欧美等发达国家,其严格的环保法规对轴承防锈油中的重金属含量,特别是钡含量有明确的限制要求,这也对国内无钡防锈油的开发提出了迫切要求。昆仑 RB 系列薄层防锈油、RD 系列高清净减振防锈油,可用于轴承防锈并满足出口无钡环保要求。

链条作为一种常见的机械传动元件,具有传动稳定、维护方便的特性。由于大部分链条在使用时处于开放的大气环境中,而且链节与链轮之间必须要有良好的润滑才会减缓磨损,因此防锈润滑成为链条防锈油的必备性能。

在重负荷和冲击负荷条件下运行的链条,对防锈油的极压抗磨性能还具有更高的要求。链条在高速运行时,防锈油极易被甩脱,而在低速运行时,由于重力作用,防锈油会流失、滴落,这就要求防锈油具有良好的黏附性,能够牢牢地黏附在链条的摩擦表面,不会因各种作用而脱落。链条防锈油一般采用高黏度指数矿物质油或渗透润滑性能良好的酯类油组成基础油体系,再复配石油磺酸盐、金属皂类防锈剂和油性剂、极压抗磨剂等添加剂制成。

## 4.9 防锈油脂的选用

在机械零件的加工、储存和运输过程中，如果防锈管理措施不当，就会造成半成品和成品零件大量锈蚀，导致返工甚至严重经济损失。因此，选用适宜的防锈油脂非常重要，而防锈油脂的种类繁多，需要根据金属材质、防锈周期、前后工艺、结构形状、存储运输环境及终端用户要求等因素，选用经济而好用的防锈油脂。

一是金属材质。由于防锈剂对金属有一定的选择性，并非对所有金属都有防锈保护作用，造成所调和的防锈油脂对不同金属材质的防锈效果不同。大多数防锈剂是针对黑色金属设计的，对铜等有色金属并无防锈保护作用，选用防锈油脂前必须明确金属材质类型。

二是防锈周期。终端产品和半成品对防锈周期的要求大为不同。一般情况下，考虑到仓储、运输等周期，终端金属件产品往往需要较长的防锈周期，为半年到数年不等，如轴承、钢球等。而工序间的半成品金属件，经过短暂堆放很快即能进入下一道工序，则只需数周至数月的防锈周期。防锈周期一般与防锈油脂的成本直接相关，明确所需防锈周期可以避免防锈油脂性能过剩以及由此产生的浪费。

三是前后工艺。终端金属件在进行防锈处理时，往往会经过清洗处理，而清洗多数是用溶剂油或水性清洗剂清洗；工序间的防锈处理则还须关注前后处理工艺所用的金属加工液产品是油性产品还是水性产品，如使用水性清洗剂或水基金属加工液，则需注意使用具有脱水功能的防锈油脂产品。

四是金属件的结构形状。结构简单、表面积大的金属件，一般选用溶剂稀释型硬膜防锈油或防锈脂；结构复杂、有孔或内腔的金属件，一般选用溶剂稀释型软膜防锈油或润滑油型产品，需考虑之后启封时防锈油膜的可除膜性。

五是储存和运输环境：发动机、变速箱、齿轮箱、液压油箱等的暂时封存工况，除要求防锈油脂具有防锈性能外，还要求其具备一定的润滑性，以备短期使用；产品如需经过海运，则要求防锈油脂还须具备良好的抗盐雾能力；在中国南方梅雨季节，则要求防锈油脂具备良好的抗湿热能力。

六是终端用户要求。多数欧盟国家要求防锈油脂不含重金属钡、芳香烃等。

# 5 金属加工液及其应用

金属加工是一种把金属物料加工成物品、零件、组件的工艺技术,包括桥梁、轮船等的大型零件的加工,发动机、珠宝、腕表等的细微组件的加工。它被广泛应用在科技、工业、艺术、手工艺等不同的领域,典型工艺包括切削、轧制、拉拔、拉丝、冲压、锻造、热处理、表面防护等。随着"中国智造"的崛起,机械制造在世界上的影响及在国内经济的占比日益显著,金属加工在中国制造全链条中占有极为重要的比重。

金属加工液(Metalworking Fluids),是金属加工工艺过程中的润滑介质,主要起润滑和冷却作用,兼有防锈清洗等作用。金属加工液种类繁多,包括切削液、切削油、乳化液、冲压油、淬火剂、高温油、极压切削液、磨削液、防锈油、清洗剂、拉拔油等,适用于各类金属及合金的加工。

**金属加工液主要应用行业**

| 行业 | 市场份额 | 具体应用 |
| --- | --- | --- |
| 机械制造业 | 32% | 泵/阀门/压缩机/锅炉/牵引机/起重机/传送机/齿轮/轴承/冷冻机 |
| 汽车零部件加工 | 28% | 汽车/船舶/航空/摩托车 |
| 冶金(有色金属/铝业) | 13% | 铝轧制/铜拉拔 |
| 冶金(黑色金属) | 11% | 碳钢轧制/不锈钢轧制/防锈/抛光/磨辊 |
| 金属制品 | 8% | 彩钢/紧固件/餐具/卫浴用品 |
| 电器和电子设备 | 7% | 空调/冰箱/厨具 |
| 其他 | 1% | — |

全球 2018 年金属加工液消费约为 $250\times10^4$ t，中国为 $40\sim50\times10^4$ t，针对中国的金属加工液市场体量大、技术水平参差不齐及高端产品研发能力薄弱的问题，中国石油投入大量人力物力从事金属加工液产品研发，初步形成了切削液、轧制油、拉拔油及清洗油等系列产品。

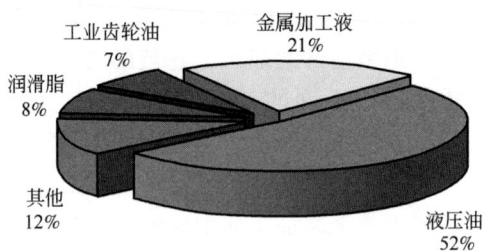

本章简明系统地阐述了金属加工液的分类及应用，给金属加工液营销和使用者提供理论依据和实践参考。

## 5.1 金属加工液的主要类型

金属及其合金在切削、成型、处理和保护等过程中使用的工艺润滑油,统称为金属加工液。金属加工液消费量一般为润滑油消费量的 5%~12%,工业润滑油消费量的 21%。

金属加工液品种繁杂,涉及面广,应用要求各不相同,对其分类具有一定难度。一般来说,根据基础液性质,金属加工液分为油基金属加工液、水基金属加工液两类;根据金属加工工艺,金属加工液可以分为切削液、成型加工液、处理液和防护液。

国际上润滑剂分类标准 ISO 6743 分类法,将金属加工类油液分为 M 组(金属加工)、R 组(暂时保护防腐蚀)及 U 组(热处理)等。其中 M 组共分为 17 类品种,包括 MHA~MHH 8 类油基金属加工液,MAA~MAI 9 类水基金属加工液。中国国家标准 GB 7631.5—1989《润滑剂和有关产品(L 类)的分类 第五部分:M 组(金属加工)》等效采用这一分类方式。

**金属加工液分类(GB 7631.5—1989)**

| 特殊应用 | 类型和最终使用要求 | 符号 L- |
|---|---|---|
| 要求润滑性的工艺,包括切削、研磨或放电等金属除去工艺;用于冲压、深拉、压延、强力旋压、拉拔、锻造、轧制等 | 具有抗腐蚀性的液体 | MHA |
| | 具有减磨性的 MHA 型液体 | MHB |
| | 具有极压性无化学活性的 MHA 型液体 | MHC |
| | 具有极压性有化学活性的 MHA 型液体 | MHD |
| | 具有极压性无化学活性的 MHB 型液体 | MHE |
| | 具有极压性有化学活性的 MHB 型液体 | MHF |
| | 用于单独使用或用 MHA 液体稀释的脂、膏和蜡 | MHG |
| | 皂、粉末、固体润滑剂等或其他混合物 | MHH |

续表

| 特殊应用 | 类型和最终使用要求 | 符号 L- |
|---|---|---|
| 要求冷却的工艺，包括切削、研磨等金属除去工艺；用于冲压、深拉、压延、旋压、拉拔、锻造、挤压等金属成型工艺 | 与水混合的浓缩物，具有防锈性的乳化液 | MAA |
| | 具有减磨性的 MAA 型浓缩物 | MAB |
| | 具有极压性的 MAA 型浓缩物 | MAC |
| | 具有极压性的 MAB 型浓缩物 | MAD |
| | 与水混合的浓缩物，具有防锈性半透明的乳化液 | MAE |
| | 具有减磨性或极压性的 MAE 型浓缩物 | MAF |
| | 与水混合的浓缩物，具有防锈性透明的溶液 | MAG |
| | 具有减磨性或极压性的 MHG 型浓缩物 | MAH |
| | 润滑脂和膏与水的混合物 | MAI |

## 5.2 水溶性切削液的调配及维护

切削液是金属切削加工的重要配套材料,是一种用在金属切削、研磨加工过程中,用来冷却和润滑刀具和加工件的工业用液体,一般以水溶性为主,其调配及维护需要注意以下三个方面。

(1) 清洗消毒。

为了延长切削液使用寿命,在加入新液前,对设备进行全面清洗和消毒,系统消毒可以选用专门的系统消毒液,要求将消毒液按一定浓度稀释后在系统内循环数小时以达到杀菌的目的。

(2) 准确调配。

使用一个干净的容器,加入所需调配的水量,条件允许时应尽量使用自动混合器加油。把所切削液的浓缩液缓慢加入水中并搅拌均匀。用折光仪测量新调好的切削液浓度,初始调配浓度建议为 3%~10%。pH 值应尽量保持在 8.0~9.6,如有变化,应查明原因并解决。

(3) 日常和阶段性维护。

① 每天检测颜色变化、杂油污染、泡沫、异物侵入等状况。

② 每天用折光仪检测切削液的浓度,并及时调整,正确的浓度可以保证切削液的稳定性,当切削液浓度变化时,需要添加新液进行调整。

③ 防止杂油、杂物,特别是食物或切屑等混入供液系统。

④ 定时去除浮油，浮油是厌氧菌滋生的温床，如不及时除去，切削液将很快发臭。

⑤ 机床或加工中心停机时间如果过长，应加入杀菌剂防止细菌生长或定期对切削液进行循环以破坏厌氧菌的生存环境。

⑥ 阶段性维护。要求定期使用折光仪、pH 试纸和测菌条分别检测乳化液的浓度、pH 值、细菌含量等，如有变化，及时采取相应的措施。

## 5.3 铝合金切削液的选择与维护

随着近代机械制造工业如航空、电子、汽车、石油化工等新型工业的崛起,铝合金金属加工变得十分普遍。下面介绍如何选择与使用铝合金切削液。

由于铝及铝合金质软,塑性大,切削时易黏刀,在刀具上形成积屑瘤,影响加工精度和表面粗糙度,同时切削热容易引起工件热变形,也会降低加工精度。此外,铝及铝合金在酸性环境和碱性环境下都会发生反应而产生腐蚀。

对于精加工,可选择乳化型切削液或低黏度的切削油。对于半精加工和粗加工,可选择低浓度的乳化型切削液或微乳型切削液等具有良好冷却性能的切削液。对于磨削加工来说,磨削下来的磨屑非常细小,而且在磨削过程中会产生大量的热量,因此,对于精磨或超精磨,选用低黏度磨削油或微乳型切削液,对于半精磨或粗磨,可选用低浓度的微乳型切削液或全合成切削液。

铝合金切削液的维护除了需要像普通切削液日常维护外,还需要注意以下几点:(1)过滤铝屑。铝合金在碱性条件下易发生反应生成铝皂,破坏切削液的稳定性,从而影响切削液的使用效果与使用寿命。(2)pH 值。铝材对切削液的 pH 值非常敏感,要经常性地对铝合金切削液 pH 值进行检测,控制 pH 值在 8~9,如发现异常应及时进行调整,以免 pH 值过高腐蚀工件或过低使细菌大量繁殖而影响切削液的稳定性和使用性能。(3)定时补加新液,既保证切削液的良好润滑性,也保证切削液良好的防锈性能和杀菌防腐性能,以延长切削液的使用寿命。

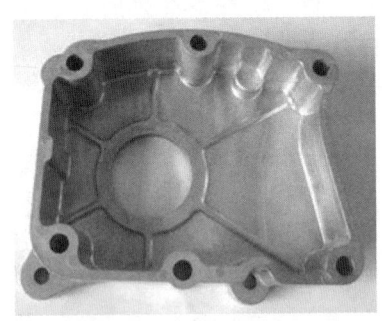

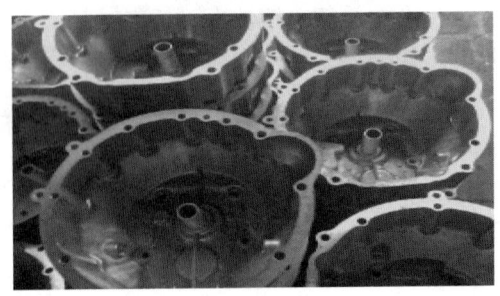

铝合金切削液的选择是非常重要的,既要保证切削液良好的润滑性、防锈性,还需要切削液有良好的稳定性、过滤性和易维护性,只有这样才能加工出符合要求的产品,最大限度地降低切削液的使用成本。

## 5.4　金属加工液的分析评定

为了合理用油、节约用油，保证设备正常运转，提高加工产品的质量，通常在使用新油品前对其进行系统地分析评价；为了控制使用中油品的质量，也要进行定期抽样分析。金属加工液的分析评价是一个复杂而困难的问题。多年来，人们针对金属加工液的性能分析探索了种种评价手段，但是任何一种评定试验方法的相关性都局限在一定的条件范围内，目前尚无一套公认的评定金属加工液性能的试验方法。

一般来说，油基金属加工液的理化性能通常与石油产品的理化性能（如黏度、密度、倾点等）较为接近，但水基产品却不能简单套用。经过几十年的总结，金属加工液进行的理化性能和使用性能测试已经形成自己的体系，其中理化性能分析与石油产品类似，特殊的是润滑性能、pH 值等使用性能评价。

**金属加工液常用分析评价项目**

| 理化性能 | 使用性能 |
| --- | --- |
| 黏度、闪点、水含量、酸度和酸值、水溶性酸或碱、皂化值、抗泡性等 | 润滑性、防锈性、防雾性、过滤性、与涂料或合成材料的适应性、稳定性、pH 值、抗微生物性能、抗杂油能力等 |

（1）润滑性能评定。常见实验设备有四球法、Falex 试验机法、Timken 环块试验机法、攻丝扭矩试验法等，主要测试金属加工液抗磨润滑性能，以特定参数表示，如 $P_B$ 值、$P_D$ 值、$OK$ 值及攻丝效率等。

（2）pH 值。pH 值是评价水基金属加工液的重要指标。在金属加工过程中，所用乳化液在温度变化、含有氧气的环境中，能发生复杂的物理—化学反应，如所含脂肪分解产生脂肪酸，脂肪酸又与金属或其他物质反应生成皂，同时发生氧化反应，结果导致酸度、pH值等性能参数变化。pH值测定方法有两种，一种是pH试纸法，另一种是pH仪法。

（3）乳化液稳定性评价。稳定性是水基金属加工液的一个重要性能。它与乳化液中颗粒大小和分布情况有关，一般用乳化液稳定性指数（$ESI$）表示。

（4）防锈性能评价。防锈性能是水基金属加工液的一个重要性能。常用测试方法有铸铁屑滤纸法、金属屑末滤纸法和铸铁粉末法等。

（5）抗微生物性能测定。乳化液中具备微生物生长繁殖的必要条件，乳化液容易腐败变质也就成了长期困扰其发展的致命弱点。金属加工液抗微生物性能测试一般采用从废液中取菌种、实验室恒温模拟培养、用平皿培养菌落计数的方法对乳化液进行评价。

## 5.5　金属轧制乳化液颗粒度分布

金属轧制乳化液润滑性能的发挥除基本要素外,乳化稳定性对润滑性能起着决定性作用。乳化液的颗粒度分布与乳化液的稳定性之间存在着直接的联系。

乳化液越稳定,颗粒度越小;反之,乳化液稳定性越差,则颗粒度越大。油和水因其表面张力相差较大,原本是两个互不相容的液相,但在乳化剂的作用下,油和水形成相对稳定的油水平衡体系。通过调节乳化体系中不同乳化剂之间的比例和乳化剂总的用量,能够调节乳化液的稳定性,改变乳化液颗粒度分布情况。

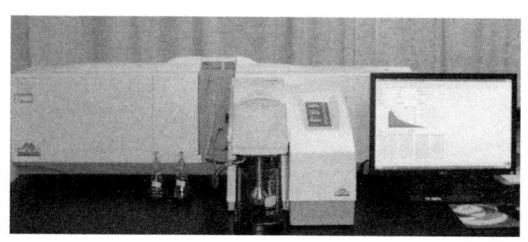

在一定范围内颗粒度大的乳化液表现出更加优异的润滑性能,且性能比较稳定。这是由于随着摩擦过程的进行,乳化液的温度不断升高,进一步促进乳化液的油水分离能力,从而在摩擦副表面形成润滑油膜,在基础油、油性剂和极压

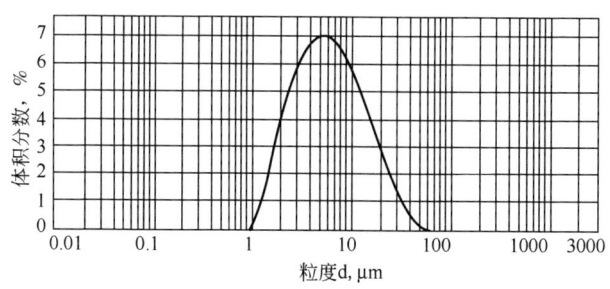

抗磨剂等添加剂的共同作用下维持良好的抗磨损、降摩擦能力；与此同时，在夹头和摩擦副界面高速剪切作用下，分离的油水再一次形成乳化液，油水分离和高速剪切共同作用，使得乳化体系达到动态平衡，从而提供稳定且优异的润滑和冷却能力。

## 5.6 乳液润滑剂离水展着性能

乳液润滑剂的离水展着（Plate-Out）性能是指乳液中油相组分在金属表面的附着能力。它是由油相组分在金属表面的吸附行为所决定的，受到范德华引力、静电吸附力（对离子型活性剂）、化学吸附力、氢键等因素的影响，并与固体表面油对水的置换能直接相关。

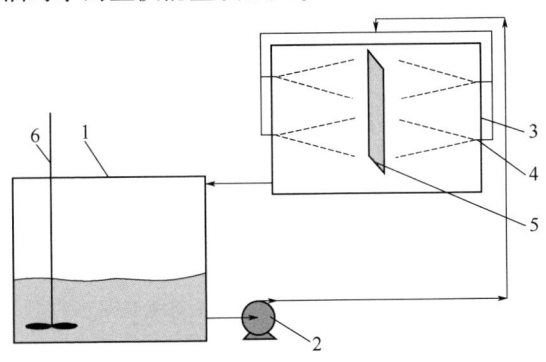

1—乳液箱；2—离心式循环泵；3—测试箱；4—喷嘴；5—测试板；6—搅拌器

乳液润滑剂在金属表面离水展着是其发挥润滑作用的前提，离水展着性对润滑性能有重要影响。乳液浓度增大，离水展着性也增强，乳液的离水展着性可以认为是油相组分在金属表面的吸附过程，随着温度升高，乳液的离水展着性增强。但温度对由不同类型乳化剂配制的乳液影响程度不同。一方面当温度升高时，乳液胶团热运动加强，彼此碰撞机会增多，从而促使胶团发生聚集，并易被金属表面捕捉；另一方面由于水分子的热运动加剧，胶团亲水性降低，因而乳液胶团易发生聚集向低自由能转化，特别是在温度上升到浊点附近时，表面活性剂分子聚集数将达到很大数目，易被金属表面捕捉，在工业应用时可适当提高乳液的使用温度，有利于提高乳液的离水展着能力。

## 5.7 液压支架用乳化油或浓缩液

液压支架是综合机械化采煤工作面的安全支护设备,它的主要作用是支护采场顶板,维护安全作业空间,推移工作面采运设备等,它的工作性能对综合机械化采煤工作面的生产率、安全性等经济技术指标有很大的影响。

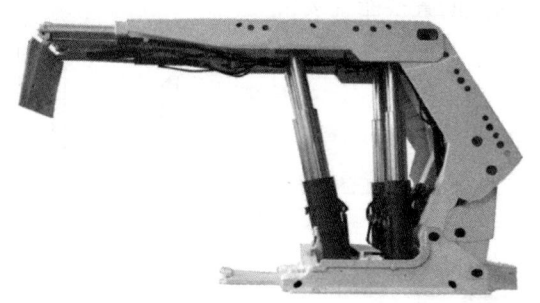

液压支架用乳化油或浓缩液配制的高含水液压液则是液压支架系统的血液,液压支架的支撑、升降、移动、推溜和过载保护等动作都需要借助高含水液压液来实现能量的传递和转换。液压液作为液压支架的工作介质,不仅起动力传递作用,而且要起润滑、冷却、防腐、防锈作用,保证液压支架能够正常工作,被称为液压支架的"血液"。

液压液分为乳化型(HFAE)和溶液型(HFAS)两类。每类产品类型代号根据 GB/T 7631.2—2003《润滑剂、工业用油和相关产品(L 类)的分类 第 2 部分:H 组(液压系统)》规定确定。例如,HFAE15-5 液压支架用乳化油,表示可适用于最高硬度为 750mg/L、最高硫酸根离子浓度为 720mg/L 的水质,配成浓度为 5%(质量分数)的乳化液使用。

液压液的性能必须满足 MT 76—2011《液压支架用乳化油、浓缩物及其高含水液压液》的要求,并且经权威机构检测为合格,再通过各种资质评审,才能取得安全标志,只有取得安全标志的产品才能在矿井下使用。

液压液常用的产品牌号有 HFAE15－5、HFAE20－5、HFAE30-5、HFAS15-5、HFAS20-5 及 HFAS30-5,中国石油昆仑液压液系列产品均通过了权威机构检测,在新疆煤矿企业得到应用和好评。

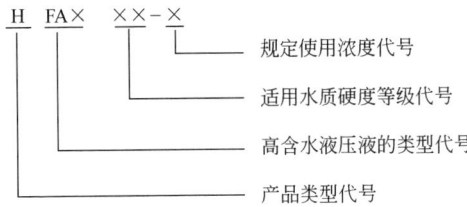

## 5.8 链条油的分类及用途

链条按照其组成结构可分为圆环链及滚子链两种。圆环链是由一个个开口的圆环套接而成,具有结构简单、承重较大的特点,一般在工程机械吊装设备等应用。滚子链条由内链板、外链板、套筒、滚柱、销轴等五个部分组成,具有可拆卸、易清洗等优点,实际运行过程中较圆环链更易获得较佳平稳性,多适用于高温、潮湿和多尘的纺织、农机、起重运输、工程、矿山、轻工、化工等机械的轴系传动。

链条油是专门针对各种链条的润滑、防锈,减少摩擦、磨损,从而提高传动效率和延长链条寿命的一种工业润滑油。链条油根据基础油的不同分为矿物油型、合成型和生物可降解型三大类,其中矿物油型多用于不高于150℃的普通工况场合;合成型可以是聚2-烯烃(PAO)、聚醚(PAG)

或合成酯（POE），但一般以 POE 为主，可用于 220℃ 左右的高温工作环境，提供很好的抗磨防腐和抗氧化作用；生物可降解型，常用于水源、湿地和食品加工厂等敏感区域。

**高温链条油的类型及应用**

| 温度 | 应用 | 适合的基础油 |
|---|---|---|
| <150℃ | 交通，农业和矿山设备 | 矿物油，植物油，双酯，PAO，PAG |
| 150~220℃ | 烘焙 | 水溶性 PAG，PAO，酯，烷基萘 |
| 180~250℃ | 汽车和饲料罐喷涂 | 偏苯三酸酯/二聚酯，PAO，烷基萘 |
| 220~300℃ | 胶合板/纺织品/陶瓷/塑料膜生产 | 二聚酯/多元醇酯，烷基萘 |
| >600℃ | 制陶/砖/水泥窑炉 | PAGs 作为固体润滑剂（如石墨）的载体 |

在实际使用过程中，链条油的使用性能优劣主要反映在抗腐性及对链条的保护作用、抗磨和渗透性、使用过程中无沉积物出现、低挥发性、良好的氧化稳定性等五个方面。

## 5.9 链条油的应用及选择

链条油应具备良好的高低温性能、黏附性和渗透性，可完全黏附在链条表面及渗透入链条栓中，使链条得到全面的润滑保护。低挥发性的高温链条油可使链条在高温烘箱内保持润滑及清洁性。高黏度指数可确保链条在高温或低温下工作得到同样的润滑保护。

拉幅机

链条油最常见的应用领域有纺织定型机、拉幅机，玻璃制品厂/玻璃纤维生产线，耐火材料工厂，纸胶印机，汽车厂烤漆悬挂链条，烤炉、干燥机热处理生产线链条，以及回流焊、波峰焊链条，水泥厂烘房支撑转毂等。

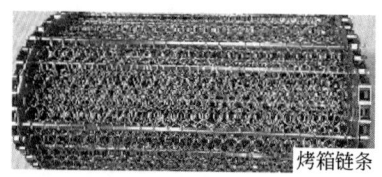
烤箱链条

链条油产品在国内外未有统一的技术标准，各生产企业均从实际应用性能出发遵照各自的企业标准。链条油的主要技术指标包括黏度、黏度指数、闪点及抗磨性测试。在选用链条油产品时，应结合自身企业设备和生产的要求，在最大限度地满足链条运行时对润滑剂要求的基础上，选用最合适的润滑剂，应综合考虑链条类型，链条的工作环境工况，以及链条润滑方式等三个方面。

值得注意的是，为了使用安全，用户在根据链条油的工作温度选用产品时，不仅要考虑设备的正常工作温度，还应将设备极限瞬时工作温度考虑在内。例如，昆仑全合成型 HTC-260 高温链条油正常最高使用温度为 220℃，允许极限使用温度高达 260℃，在纺织厂定型机和汽车厂烤漆悬挂链条等领域得到应用。

# 6 电力系统与电气绝缘油

电气绝缘油也常称为变压器油（Transformer oil），是电力工业中输变电系统的重要材料之一，用于变压器、电抗器、互感器、油开关等充油电气设备中，起绝缘、散热冷却以及信息载体等三大作用。

电力工业是国民经济的重要基础产业，与经济发展和人民日常生活息息相关。变压器是电力输变系统中的核心设备，处于极其重要的地位，其运行的可靠性对整个电网的安全长周期运行具有重要意义。随着西电东输、南北互供、全国联网工程的实施，我国电网进入快速发展时期，要求输电工程具有更高的输电能力和输电效率，实现安全可靠、经济合理的大容量、远距离输电。

近年来，我国相继建成了世界最高电压等级的"晋东南—荆门"1000kV特高压交流输电示范工程、"向家坝—上海"±800kV特高压直流示范输电工程和"新疆准东—安徽"±1100kV特高压直流输电工程，已成为世界上在网运行和在建特高压输电工程最多、电压等级最高、输电容量最大的国家。这些工程的建设，大大推动了我国变压器制造企业的技术水平和制造能力的提高，同时对变压器油的绝缘性能、氧化安定性、散热性能以及质量稳定性提出了更高的要求，促使变压器油标准不断升级。

与此同时，传统矿物绝缘油燃点低、不可生物降解的缺陷，成为制约电力工业持续发展的重要因素。无论是发达国家还是发展中国家，近年来对安全防火、环保、节能的要求越来越高，在城镇住宅区、宾馆商厦、地铁、高铁、海上发电等重要场所选用高燃点油已成为必然趋势。

为了使用户更进一步认知变压器油，本章阐述了电力系统及变压器的工作原理、变压器油的分类、变压器油的作用、变压器油的维护、未运行变压器油中乙炔超标的原因及对策、换流变压器用绝缘油、电力机车绝缘油、高燃点绝缘油、变压器油技术服务的"望闻问测"等内容，使用户能够对变压器油有一个基本认识，为用户选择及使用变压器油提供理论依据和经验参考。

# 6.1 电力系统及变压器的工作原理

一个完整的电力系统包括发电、变电、输电、配电和用电环节。发电站首先将煤炭、天然气等燃烧的化学能，以及核能和水的势能等转化成电能，然后通过升压变压器变为高压电能，并通过输电线路把电送到远方；到达电力使用区域，再经过降压变压器变为低压电能，把电流送入用户的电动机或其他电气设备，使电能转变为机械能、光能或热能，用于工农业生产。

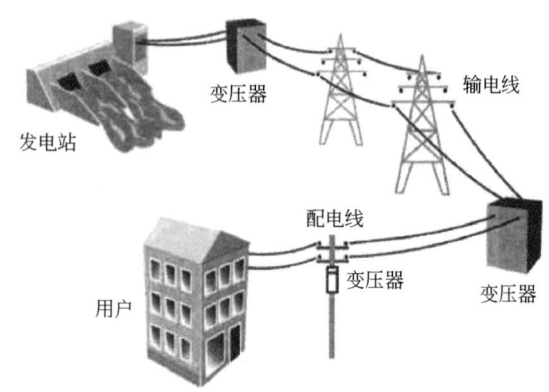

在输送相同功率的电能时，所用电压越高，电流就会越小，输电线上的损耗就越小，输电导线需要的截面积就越小，从而大大降低了成本，这就是我国发展特高压输电的意义。

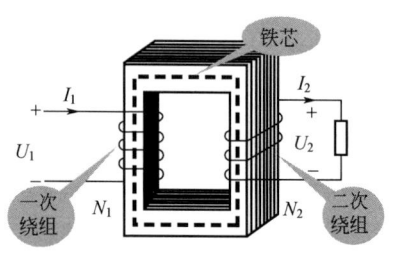

变压器的作用就是把交流电压升高或降低,是电力系统中最重要的设备。变压器的主要构件是初级线圈、次级线圈和铁芯(磁芯)。不论是单相还是三相电力变压器,在其磁路构成的铁芯柱上,分别装有一次绕组及二次绕组。根据电磁感应定律,一、二次电压之比近似等于一、二次绕组匝数之比:$U_1/U_2 = N_1/N_2$,因此可以通过调整变压器绕组的匝数来改变输出端电压。当二次绕组匝数大于一次绕组匝数时,即为升压变压器,反之即为降压变压器。

## 6.2 变压器油的分类

我国早期变压器油标准 GB 2536—1990《变压器油》和 SH 0040—1991《超高压变压器油》，以使用电压等级和低温性能为界限，曾按电压等级将变压器油分为超高压变压器油（500kV 及以上）和变压器油，按凝点划分为 10 号、25 号和 45 号变压器油。后来，超高压变压器油因其抗氧化性能较差而逐步退出历史舞台，同时国际主流标准均已取消凝点指标，转而以倾点代之，产品分类和命名也都随之更新，但市场上 25 号、45 号变压器油的名称仍被人们沿用至今。

最新变压器油的分类依据 GB 2536—2011《电工流体 变压器和开关用的未使用过的矿物绝缘油》和 IEC 60296—2012《电工流体 变压器和开关用的未使用过的矿物绝缘油》而定。将变压器油按抗氧剂添加量和冷态投运温度划分牌号，分为不加抗氧剂油 U 类、微量抗氧剂油 T 类和加抗氧剂油 I 类，例如，"U 0℃变压器油（通用）"表示符合 GB 2536—2011 标准通用级别的不加抗氧剂油，其最低冷态投运温度为 0℃；"I-30℃变压器油（特殊）"表示符合 GB 2536—2011 标准特殊级别的加抗氧剂变压器油，其最低冷态投运温度为-30℃。

**变压器油的分类**

| 分类方式 | 变压器油种类 |
| --- | --- |
| 按抗氧剂 T501 含量 | 不加抗氧剂油 U 类（检测不出）、微量抗氧剂油 T 类（≤0.08%）、加抗氧剂油 I 类（0.08%~0.40%） |
| 按质量 | 通用级别、特殊级别 |
| 按最低冷态投运温度 | 0℃，-10℃，-20℃，-30℃，-40℃ |

## 6.3 变压器油的作用

电力变压器正常情况下的运行寿命可达 20~30 年及以上,如此长寿命的运行与维护,变压器油功不可没,昆仑环烷基变压器油几乎与变压器同寿命。在这个过程中,变压器油主要起绝缘、散热冷却和信息载体三大作用。

一是绝缘作用。空气的介电常数为 1.0,而变压器油的介电常数为 2.25,油的绝缘强度要比空气大得多。线圈之间充满了变压器油,增加了绝缘强度,就不易被击穿;同时变压器油充填在绝缘材料的空隙中,可以起到隔绝空气而保护铁芯和线圈组件及防止固体绝缘材料被氧化、腐蚀的作用。因此,变压器油可靠的绝缘作用是其主要作用之一。

二是散热冷却作用。变压器带电运行过程中会产生铜耗和铁芯损耗,这两部分损耗均以发热的形式表现出来。如果不将线圈内的这些热量散发出去,会使设备过热,从而损坏线圈外部包覆的固体绝缘,甚至烧毁线圈。线圈内部产生的热量通过变压器油的自然或强制循环而散发出去,保证电气设备的长期安全运行。变压器油黏度越小,越有利于设备散热冷却。

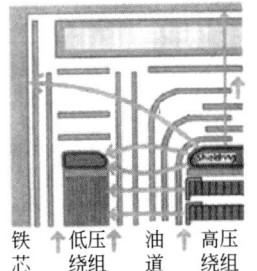

三是信息载体作用。电气设备

带电运行，不能轻易拆检设备来判断是否存在故障或缺陷，电力部门通过分析运行变压器油中的溶解气组成和糠醛含量等来监测变压器的运行状态。例如，油中含气量增加表明可能存在密封上的缺陷；油中气体成分如氢气、乙炔可反映设备内部潜伏性故障；固体绝缘材料老化表现为油中水分、酸值、糠醛等含量的增加等。这也是要求新油中乙炔含量、糠醛含量为未检出的主要原因。

## 6.4 变压器油的维护

变压器油对污染物非常敏感，即使是微量的发动机油混入也会使变压器油的电气性能大幅下降，因此变压器油的储存、运输及使用、维护等每个环节都马虎不得，应做到专罐、专线。

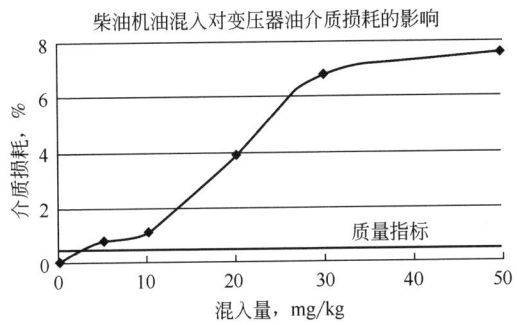

柴油机油混入对变压器油介质损耗的影响

对于变压器油的存储与运输，所用的油罐应与其他油罐分开，且只可作为变压器油专用，该原则也适用于输送过程中的所有管道、管线、油泵。如果油罐车或管线做不到专用，就必须对其进行彻底清洗。而其他润滑油如发动机油、液压油等，即使极少量残留也很容易对变压器油产生污染。同时，在储存、运输过程中要注意做好防潮除水。变压器油的介质损耗因数、击穿电压、界面张力、微水等指标有一项不合格，则说明其有可能受到了水或其他污染物的污染，应联系专业人员对其进行处理。

对于变压器油的使用，应严格按照 GB/T 14542—2017《变压器油维护管理导则》执行，包括新油的筛选与评定、正确取样、运行中变压器油的检测分析、检验周期等。通过对变压器油进行分析检测，可以间接了解变压器设备的运行状况，同时有助于及时发现或预测电气设备故障。

## 6.5 未运行变压器油中乙炔超标的原因及对策

电力部门根据上百年的运行经验,通过检测油中溶解气(如 $CO_2$、CO、$H_2$、$C_2H_2$ 等)可以判断变压器故障,如运行油中检测到较高含量的乙炔,则表明设备可能发生了局部放电或过热故障。为防止设备故障误判,GB/T 7252—2001《变压器油中溶解气体分析和判断导则》要求运行前变压器油中乙炔含量不超过 $0.1\mu L/L$。然而,近年来,市场陆续反映和投诉未运行变压器油中有乙炔气体超标现象,给用户和生产商均带来极大不便和困扰。实践表明,绝大部分乙炔超标现象都不是生产过程质量问题,而是储存运输环节受到环境影响,或分析测试出现误差。

一是周围环境空气含有乙炔:如周围有电气焊、吸烟者或汽车尾气等均可产生大量乙炔,这些乙炔很容易溶解到油中而导致乙炔超标。因此,装运变压器油的容器及周围环境、进行乙炔检测的实验室等都不能含有乙炔气体,尤其要坚决杜绝在变压器油存储区周围进行电气焊作业。

二是变压器油灌装或转运过程中使用不合适的油泵产生乙炔:相比离心泵、双螺杆泵,齿轮泵更容易产生乙炔,因此变压器油泵尽量不选用齿轮泵。

三是故障变压器内部组件中乙炔迁移至油中:故障变压器产生的大量乙炔迅速吸附在绝缘纸板、线圈、木垫等内部组件上,维修后重新装入变压器油时,这些组件中的乙炔会释放并迁移至变压器油中,造成油中乙炔含量超标。因此,注油前要对设备和纸板彻底进行空气吹扫和置换。

**离心泵、双螺杆泵、齿轮泵产生乙炔情况对比**

| 取样时间 | 乙炔含量，μL/L | | |
|---|---|---|---|
| | 齿轮泵 | 离心泵 | 双螺杆泵 |
| 泵循环前油样 | 未检出 | 未检出 | 未检出 |
| 循环20min油样 | 0.46 | 未检出 | 未检出 |
| 循环60min油样 | 0.99 | 未检出 | 未检出 |

四是溶解气色谱分析不规范：如使用含乙炔的室内空气清洗注射器导致污染，或将达不到定量分析要求的检测信号进行积分导致定量错误。因此，溶解气分析测试应严格按照GB/T 17623—2017《绝缘油中溶解气体组分含量的气相色谱测定法》进行操作，注射器必须用载气彻底清洗而非室内空气。同时应遵循色谱分析理论，分析样品的色谱峰强度两倍于背景噪声只能分析定性，四倍以上才能定量分析。

## 6.6 换流变压器用绝缘油

直流输电具有输电距离远、过电压水平低、线路损耗小等优点，特别适用于远距离大功率点对点输电、区间电网互联调峰、海缆输电等。从 1980 年以来，国家已先后建设了葛洲坝—上海±500kV、宁东—山东±600kV，锦屏—苏南±800kV，向家坝—上海±800kV 等多项直流输电工程。世界最高电压等级输电线路昌吉—古泉±1100kV 目前也已进入架线施工阶段。

换流变压器是高压直流输电工程中交流、直流，换流、逆变两端接口的核心设备。它的投入和安全运行是输变电工程的重要保证。与普通交流变压器相比，换流变压器有以下特性：存在直流偏磁和谐波问题，从而使变压器的损耗和温升大幅增加；变压器阀侧绝缘问题突出，除承受一般交流电压外，还要承受叠加的直流电压，在系统能量反向时，同时承受极性反转以及冲击试验电压；换流变压器的故障率大约是交流变压器的两倍。因此，换流变压器结构相对更加复杂，对结构设计、制造环境、绝缘材料、加工精度要求更为严格。我国换流变压器制造技术主要引进了 ABB 技术和 SIEMENS 公司技术，两者对绝缘油的要求主要有以下三个方面。

一是换流变压器的高绝缘强度，要求变压器油具有更好的电气性能，即要求更高的击穿电压和更低的介质损耗因数。

二是换流变压器的高清洁度，要求变压器油具有低黏度，有利于冲洗和过滤换流变压器中的杂质，同时要求变压器油本身杂质含量低。

三是换流变压器的运行温度相对较高，要求变压器油具有低黏度、高闪点、高氧化、安定性，有利于冷却散热，更安全，防止变压器氧化变质。

以前由于 SIEMENS 公司和 ABB 公司变压器制造技术不同，对变压器油要求也有所区别。SIEMENS 公司要求变压器油必须具有负的析气性，而 ABB 公司则对此无要求。因此换流变压器运行油中，SIEMENS 技术主要使用高芳香烃低析气性的昆仑 KI50GX 和壳牌 Diala GX，ABB 技术变压器主要使用低芳香烃高绝缘性能的昆仑 KI50X 和 Nytro 10XN。随着变压器制造技术的进步及认识水平的提高，目前国内所有换流变压器用油均取消了析气性要求，全部采用昆仑 KI50X 绝缘油。

## 6.7 电力机车绝缘油

无论是传统电力机车还是动车组,其动力来源均由牵引变电所和接触网两大部分组成。牵引变电所将输电线路电压从110kV(或220kV)降到27.5kV,经馈电线将电能输送至接触网,然后通过车载牵引变压器将接触网上的高压变换为低压,多路输出到变流器、控制电源、旅客列车供电系统等其他用电设备。其中,车载牵引变压器是整个列车的心脏,其工作原理和普通电力变压器相同,但工作环境截然不同,主要表现在以下几个方面:经常受到机械冲击和连续而强烈的机械振动;环境温差变化较大;外形尺寸和重量有较严格研制;接触网电压波动范围较大,从19kV到31kV;含有明显的谐波成分,会引起附件发热,加速绝缘介质老化。由此可见,电力机车车载牵引变压器的工作环境是非常恶劣的。

变电所牵引变压器和车载牵引变压器均为油浸式变压器。变电所牵引变压器与普通电力变压器的设计及工作环境差别不大,因此用油无特殊要求,满足 GB 2536—2011 或 IEC 60296—2012 标准的普通矿物绝缘油即可。对于传统电力列车,其车载牵引变压器放置于车头,要求使用的矿物绝缘油除满足 IEC 60296—2012 标准要求外,还应具有更好的绝缘性能及散热性能,对倾点、黏度、击穿电压、比热容、导热系数和热膨胀系数等提出了更高的要求。对于动车组,其牵引变压器直接放置于载有乘客的动车底部,因此要求绝缘油除氧化安定性、绝缘性能良好以外,更重要的是防火等级高,应使用高燃点油。例如,引进日本技术的机车一般使用符合 IEC 60836—2015 和 ASTM D4652-05 标准要求的电气级硅油;引进欧美技术的机车鉴于环保要求,一般使用符合 IEC 61099—2010 要求的合成酯类油;少量车使用符合 ASTM D5222-08 标准要求的高燃点矿物矿物油。

**不同牵引变压器用油要求**

| 牵引变压器 | 变电所牵引变压器 | 传统列车车载牵引变压器 | 动车组牵引变压器 |
|---|---|---|---|
| 用油要求 | 普通矿物绝缘油 | 专用矿物绝缘油 | 硅油、合成酯或矿物油 |
| 典型用油 | 昆仑 KI45X/25X | 昆仑 Petro50DX/40DX | 96D/96E MIDEL 7131 |

## 6.8 高燃点绝缘油

IEC 61100—1992《绝缘液体按着火点和净热值分类》标准规定，燃点不高于 300℃ 的绝缘油为 Class O 类，燃点高于 300℃ 的绝缘油为 Class K 类，也就是所谓的高燃点绝缘油或阻燃型绝缘油。相比普通矿物绝缘油，高燃点绝缘油具有抗过载能力强、防火防爆等性能优势。

早在 1929 年，英国就发明了化学稳定性和电气性能优异的多氯联苯（PCB）高燃油，并在 1933 年制造了第一台 PCB 高燃油变压器。但由于 PCB 的强致癌性，自 20 世纪 70 年代以来，美国、日本和欧洲各国均明令禁止使用和销售 PCB，各国厂商开始纷纷研究 PCB 替代品。伴随着 1974 年第一台硅油变压器的问世，高燃点绝缘油开启了新的时代并得到了越来越多的应用，市场上主要有硅油、大分子烃类油、合成酯类油和植物油等四大类。在这几种高燃点绝缘油中，硅油热稳定性好、具有自熄特性，安全性在几种高燃点绝缘油中最好，但由于环境降解性差，在许多国家限制使用;大分子烃类油来源于矿物油,采用了先进的催化加氢工艺或烯烃聚合工艺生产,但生物降解性能最差;合成酯类油耐潮性和环保性优异,是海上风力发电机绝缘油的首选;植物油是最价廉和最容易生物降解的产品,但变压器运行可靠性也最低。

高燃点绝缘油存在标准成熟度不高,稳定供货能力弱于矿物油,大批量的高燃点绝缘油变压器长期运行数据不足等问题,但高燃点绝缘油变压器具有结构设计合理、噪声小、过载能力强、体积小、操作维护方便等特点,在发达国家或地区已广泛用于高层建筑、地铁、机场、车站、钻井平台、采油平台等对防火和空间要求高的场所。随着综合成本认识的提高,以及经济发展过程中对安全环保的更高要求,高燃点绝缘油未来将在我国得到更广泛的应用。

**不同类型高燃点绝缘油的性能对比**

| 项目 | 硅油 | 大分子烃类油 | 合成酯类油 | 植物油 |
|------|------|------|------|------|
| 标准规格 | IEC 60836, ASTM D4652 | ASTM D5222 | IEC 61099 | IEC 62770 |
| 典型油品 | KF96, DC561 | α油,β油 | MIDEL 7131 | FR3, RAPO |
| 基本成分 | 聚二甲基硅氧烷 | 烃类混合物 | 季戊四醇酯 | 植物提取天然酯 |
| 燃点,℃ | >350 | 308~312 | 320 | 350~360 |
| 生物降解性 | 不可生物降解 | 较差 | 优良 | 最好 |
| 性能特点 | 氧化稳定性和化学稳定性优异,具有自熄特性;性能受湿度影响明显 | 与各种变压器部件相兼容,与矿物油相容;燃点相对较低 | 优良的高低温性能,耐潮性非常好,生物无毒;介质损耗较大,易水解 | 燃点最高,耐潮性好,生物无毒;氧化安定性较差,散热冷却效果较差 |

## 6.9 变压器油技术服务的"望闻问测"

技术服务在产品整个生命过程中有着特殊的"使命",对企业产品和服务走入市场化起着积极的过渡与推动作用,是促进客户满意和提升市场占有率的重要法宝。要快速有效地进行技术服务,可以借用我国传统中医治病讲究"望闻问切"的思路,将切脉换成检测就是"望闻问测"的方法,对客户问题

进行深入而细致的了解,从而对症下药、药到病除。

望,即"观察判断"。用在变压器油技术服务上主要是观察变压器油的外观是否有异常;查看环境湿度和温度;查看变压器油储存环境、测试环境、测试设备、转运环节等是否满足要求,取样、分析检测是否规范。同时,观察用户的表情、神态,判断该问题对客户的严重性及紧急性。

闻,即"耐心倾听"。需要调动一切知识储备仔细倾听客户对问题的陈述,如变压器油问题发生时的时间、地点、现象、发展过程、结果及其原因分析思路;同时,如果在现场,也要仔细倾听设备系统的声音有无异常等,以及时捕捉信息,帮助分析问题。

问,即"探讨澄清"。通过专业艺术的问题,以及与客户的问答互动,进一步了解问题的实质。例如,对未投运变压器油,应询问油品牌号来源渠道等基本信息,应用设备及环境信息,设备出现问题的详细过程及处理经过,取样环节,测试项目及结果,测试人员及设备情况;对已投运变压器油,询问设备的运行参数、最近相关的运行操作内容和方

法步骤、故障发生前的征兆、问题产生的过程以及发生时的现象，特别是加注相同油品的其他同类型变压器的运行情况及其运行油分析结果对比等。

测，即必要的"检测确认"。在经过望、闻、问等详细的现场调查后，针对不同问题分析原因，大部分问题都可以得出结论，给予解答。但有些时候，为了慎重起见，仍有必要安排适宜的分析检测，以便确认问题或确认问题得到解决。例如，怀疑过程中发生了不同基属油品的冒用混用，可能需要通过密度及苯胺点等确认；

如果因污染而导致介质损耗、压力或气体等超标，就需要在真空过滤等处置前后进行检测确认等。

在技术服务中，望、闻、问、测不是单独存在，而是互为联系互为补充，正确掌握并运用它们，才能使变压器油技术服务水平得到不断提升，从而实现客户满意。

# 7 有机热载体与白油

有机热载体（Heat Transfer Fluids）是作为传热介质使用的有机物质的统称，它包括热传导液、导热油、有机传热介质或热媒（Heating Media）等用于间接传热目的的所有有机介质。有机热载体具有加热均匀、调温控温准确、能在低压下产生高温、传热效果好、节能、输送和操作方便等特点，广泛用于化学化工、石油化工、纺织印染、食品加工、建筑、造纸、建材、制药和家用电器等行业的闭式传热系统的加热或冷却。

在加热器和用热单元之间用循环的有机热载体（也称为导热油）传递热量的装置称有机热载体传热系统，广义上讲其具有热量提供或导出作用，即高温加热和低温冷却或制冷，高温加热又有直接加热和间接加热之分。有机热载体传热有两种基本方式：一种是在初始点或沸点以下的液相传热，传导液为液相传热介质，最高使用温度在350℃以下；另一种是在沸点温度以上的气相传热，传导液为气/液传热介质，最高使用温度可达400℃。液相传热蒸气压低，安全性好，使用更为广泛，而气相传热能满足更高的温度和控温精度要求。

有机热载体传热系统节能、热效率高、传热均匀并可精确控制温度，可提供高温热源而压力较低，系统安全性高；相比蒸汽系统，不需要大量的水处理设备，维护费用低，系统简单，输送方便；一套系统可同时提供不同的用热设备，并可根据用热端热负荷变化调节热量分配，尤其适合大型供热系统。

本章通过有机热载体及其性能、有机热载体传热系统及其维护、有机热载体的分类及选用、有机热载体的使用及检测，简单明了地阐述了有机热载体的分类、选择及使用注意事项，为用户选择及使用有机热载体提供理论依据。

白油虽是一类小油种，但是其应用却极为广泛，在化学、纺织、化纤、石油化工、电力、农业、食品加工、制药、化妆等行业都有着举足轻重的作用。本章通过白油及其分类、工业白油及其应用、化妆品级白油及其应用、食品医药级白油及其应用、食品级润滑油脂，可使读者更为直观地了解不同类型白油的用途。

# 7.1 有机热载体及其性能

有机热载体（也称为导热油）是填充在间接加热系统中的一种热传导流体，一般有精制矿物油型和合成型两大类，基础油约占其总量的90%以上，可适当添加一些抗氧化剂、降凝剂、复合阻焦清洁剂等添加剂。精制矿物油型以精制石油馏分为原料加工制成，结构组成主要是烷烃，使用温度一般不能超过310℃；合成型是合成特定结构组成物，热稳定性较好，使用温度可达400℃。

有机热载体一般用于高温加热系统中精确控制温度，也可用于同一系统中加热和冷却或单一冷却系统。使用有机热载体与直接使用明火或水蒸气加热相比，具有传热均匀、能效高、操作压力低、使用温度范围宽、设计简单、操作方便、投资少、维修成本低等特点。

由于传热目标方式和工艺要求不同，有机热载体传热系统的设计有多种类型，装置一次填装从几十千克到几百吨不等，工况条件也有很大差别。一般要求有机热载体要具有良好的热稳定性、氧化稳定性、初馏点高、蒸气压低、易流动、无腐蚀及良好的相容性，从提高热效率角度考虑，其导热性能要良好，即传热系数要大，同时要无毒并安全。

**有机热载体的性能要求**

| 性能及指标 | 意　义 |
| --- | --- |
| 良好的热稳定性（变质率≤10.0%） | 有机热载体，特别是矿物油型热载体，在加热操作过程中会产生分解和缩合反应，并伴有气体生成，致使密度、黏度等均发生变化。生成的裂解气虽可设法排出系统外，但缩合物却会在加热炉管或加热器的传热面上产生积炭、胶质等物质影响传热，严重时会造成炉管或加热器破坏 |

续表

| 性能及指标 | 意 义 |
|---|---|
| 良好的氧化安定性（175℃、72h 氧化，黏度增长 ≤ 40.0%，酸值增加 ≤ 0.8mg KOH/g，沉渣≤50mg/100g） | 有机热载体在高温下接触空气等外来污染物而老化，其氧化后会生成有机酸，腐蚀过滤器和热交换器 |
| 良好的传热性能，比热容和导热系数高 | 低黏度的油比较容易以湍流的状态通过加热器，可避免油在加热器内产生过热，还可提高传热效率 |
| 初馏点高、蒸气压低 | 初馏点通常应高于系统中油的使用温度（开式系统），以免因沸腾而发生冒油或冲油现象，保证系统安全并减少损失 |
| 较高的自燃点和闪点（自燃点≥最高使用温度，闭口闪点≥100℃） | 有机热载体具有可燃性，当跑、冒、漏的热油与空气混合时会发生爆炸，造成人身伤亡和设备损坏 |
| 良好的低温流动性（倾点≤-9℃） | 大型设备在冷循环启动时，需要良好的流动性，以保证启动顺利高效，有机热载体流动点低、黏度小 |
| 无腐蚀性及良好的相容性 | 应避免腐蚀设备，与系统材料有良好的相容性，避免与系统中垫片等发生反应造成密封失效、跑冒滴漏 |

## 7.2 有机热载体传热系统及其维护

有机热载体传热系统由热载体炉、热油循环泵、膨胀罐、储油罐、注油泵、自动控制系统等组成。利用循环泵，强制有机热载体进行液相循环，将热能输送给换热设备后，再返回导热油炉重新加热。为防止有机热载体结焦，一般使用温度应低于最高温度30℃。停炉时必须待导热油温度降到70℃以下，方可停止有机热载体循环泵运行。

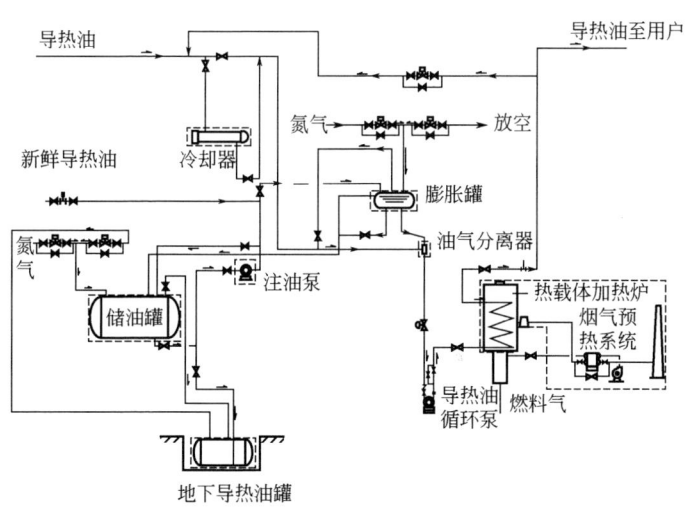

膨胀罐有储存有机热载体受热膨胀量，补充有机热载体，排除系统中气体的作用。闭式膨胀器一般采用惰性气体密封，工作温度一般要求不高于70℃，设计安装在系统的最高点，膨胀罐是有热位移的设备，一边基础为固定端，一边应为滑动端，与热油储槽之间设有双降液管，一方面能够满足整个系统的热油膨胀，另一方面能适当地排除整个系统的气体，具有有机热载体以系统全流量通过的能力。膨胀罐在正常工况时保持高液位，这样可以使得在需要冷油置换时有足够的有机热载体来防止加热炉内有机热载体的超温过热。

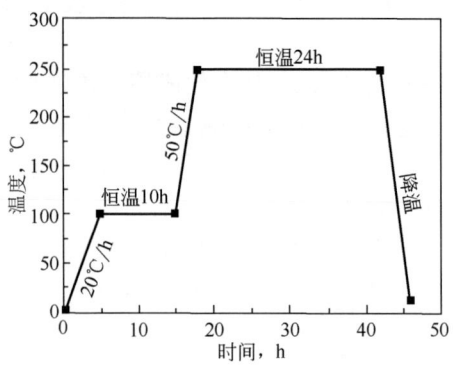

储油罐的主要作用为储存膨胀罐溢流出的有机热载体，通过注油泵向高位膨胀罐中注油，在导热油炉检修时储存导热油炉中排放的导热油，在进行维护检修时需将导热油炉本体、用热设备、管路及附件内的有机热载体全部放尽，容积应不小于导热油炉中有机热载体总容量的1.2倍。新建成的系统管路宜采用空气压缩机爆破吹扫，若进行水冲洗，则需将系统管路中的水彻底排干净，水分含量一般控制在300mg/kg以下，水分含量过高会引起循环泵气蚀；然后按照加热升温曲线投运热媒系统。

热载体在加热炉中受热时（主要是辐射段），较高的运行温度会加速其劣化、降解，常常因为热流强度过大或加热管内设计流速偏低而使热边界层加厚，热阻增大，膜温升高，造成有机热载体结焦，残炭积于管壁，影响传热，并进一步产生局部过热，形成恶性循环，使其寿命缩短，甚至威胁系统的安全。可以通过向系统中注入新鲜热载体的方式，控制系统温度，以延长使用周期。也可以通过适当降低热流强度、适当减小加热管径或提高热油流速来预防结焦，控制有机热载体在加热炉管内工作的适宜流速值为 2～2.5m/s。判定有机热载体是否失效首先是根据传热效果，其次还要根据化验分析，如黏度、闪点、酸值及残炭等指标，当有机热载体达到报废标准时，也必须及时更换有机热载体并对系统进行彻底清洗，延长热媒炉的使用寿命。

热媒系统停运后的清洗主要有物理清洗和化学清洗。化学清洗分为碱液清洗和酸液清洗两大类，淤泥和沉积物主要是金属氧化物和有机热载体分解物，加入酸液或碱液后，可用溶剂除去污垢沉积物和淤泥中的有机热载体。当形成的不溶物质完全堵塞了系统，在加热器表面形成硬焦时，需要进行机械清洗，如高压喷水管、蒸汽喷枪和转动设备带动旋转的清洁头机械清洗等，清洗均须在热媒系统停运的前提下进行，并排空有机热载体。

在线清洗技术（清洗剂结合高温物理过滤）是在基本不影响有机热载体系统正常运行的前提下，将在线清洗剂直接注入管道中，清除管道内壁上的污垢。在有机热载体只有轻度氧化或只有轻度腐蚀的情况下，可以通过旁路过滤器过滤，使用循环泵循环清洗，施工成本低，难度小。

## 7.3 有机热载体的分类及选用

有机热载体因具有节能、传热效率高、传热均匀并可精确控制温度等特点而被广泛应用于化学化工、石油化工、纺织印染、食品加工、建筑、造纸、建材、制药及家用电器等行业的开式或闭式传热系统的加热或冷却。

根据我国分类标准 GB/T 7631.12—2014《润滑剂、工业用油和有关产品（L 类）的分类 第 12 部分：Q 组（有机热载体）》，有机热载体属于润滑剂、工业用油和有关产品（L 类）第 12 部分 Q 组，按照使用温度范围细分为 QA、QB、QC、QD 和 QE 等五类。为了保证锅炉及传热系统安全运行，必须合理选择有机热载体产品，主要应从高低温性能、热传导性和安全三个方面考量，并兼顾产品价格。

（1）高低温性能。有机热载体的高低温性能，主要关系到最高使用温度和大型设备顺利启动，要关注最高使用温度、初馏点、倾点等指标。

产品最高使用温度是指在加热出口处测得的主流体最高允许温度，需经热稳定性试验确定，实际使用温度高于此温度流体将发生较大量裂解，一般应比其最高使用温度低 20～30℃，矿物油型产品实际使用温度最好低于 280℃；310℃ 以上使用应选择 QD 合成型产品。初馏点是有机热载体的重要使用温度限值，在液相系统中如油膜温度低于有机热载体的初馏点，则可在常压下保持液相运行。

倾点或凝点是重要的温度下限值，大型设备在冷循环启动时，需要良好的流动性，保证循环泵启动顺利。在选择产品时，需根据工艺要求及工况条件选择具有适当的倾点或凝点的产品。

（2）热传导性。在具有适宜的使用温度限值的产品中，所选产品应具有较低的黏度和蒸气压、较大的密度、较高的比热容和导热系数。

（3）安全性。有机热载体为可燃液体，应考虑着火的危险性；有机热载体加热系统，应配备有效的膨胀油槽、排气孔和过滤系统；在加热食品的热交换装置中，使用有机热载体应符合国家卫生和安全要求；闪点是主要的安全指标，但并不是越高越好，闪点过高，则黏度大、流动性和传热性差。

**有机热载体分类**

| 代号 | 使用温度范围 | 性能和类型 | 应用 |
| --- | --- | --- | --- |
| QA | ≤250℃ | 氧化安定性好的精制矿油或合成液 | 敞开式系统，加热机械零件或电子元件的敞开式油槽 |
| QB | ≤300℃ | 热稳定性好的精制矿油或合成液 | 带或不带强制循环的开式和闭式加热系统，闭式循环油浴 |
| QC | >300℃并≤320℃ | 热稳定性好的精制矿油或合成液 | 带有强制循环的闭式加热系统 |
| QD | >320℃ | 特殊高热稳定性的合成液 | 带有强制循环的闭式加热系统 |
| QE | >-60℃并≤320℃ | 低温时低黏度和热稳定性好的精制矿油或合成液 | 带强制循环的闭式冷却或冷却/加热系统 |

## 7.4 有机热载体的使用及监测

有机热载体产品应符合 GB 23971—2009《有机热载体》技术要求，供应商应提供由国家主管部门认可的检测机构出具的形式试验报告、生产商出具的该批次产品出厂质量检验报告和符合 GB/T 16483—2008《化学品安全技术说明书 内容和项目顺序》要求的化学品安全技术说明书。

有机热载体在较高的运行温度下会加速劣化、降解，常常因为热流强度过大或加热管内设计流速偏低而使热边界层加厚，热阻增大，膜温升高，造成有机热载体结焦，残炭积于管壁，影响传热，并进一步产生局部过热，形成恶性循环，使有机热载体寿命缩短，甚至威胁系统的安全。合理规范的设计、使用和维护，是延长有机热载体使用周期和提高经济效益的重要手段。

为延长有机热载体的使用寿命，应对膨胀罐进行氮气封闭。在实际使用中，锅炉出口处测得的主流体平均温度应较其最高使用温度至少低 20℃，以确保其正常使用寿命；加热系统膨胀罐中有机热载体的温度一般应低于 70℃。

初次注入和过程中补充有机热载体，应根据产品形式试验报告对其质量进行验证；在加注有机热载体前应彻底清除系统水分和油垢；旧系统更换新有机热载体时，必须清除系统内壁上的杂物，以免影响有机热载体的传热效率和使用寿命。

在使用过程中应认真检查，严防水、酸、碱及低沸点物漏入使用系统，并加装过滤装置，防止机械杂物进入，确保有机热载体不被污染；定期进行有机热载体外观、闪点（闭口）、运动黏度、残炭、酸值、水分和 5% 低沸物馏出温度等监测。

## 有机热载体监测指标和试验方法

| 项目 | 新品验证 | 正常使用 | 安全警告 | 停止使用 | 试验方法 |
|---|---|---|---|---|---|
| 外观 | | 无分层沉淀乳化 | 轻微 | 明显 | 目测 |
| 密度（20℃）kg/m³ | ≤形式试验结果±10% | | | | GB/T 1884—2000 |
| 闪点（闭口），℃ | | ≥100 | 60~100 | ≤60 | GB/T 261—2008 |
| 运动黏度（40℃）mm²/s | ≤形式试验结果±10% | | | | GB/T 265—1988 |
| 残炭 %（质量分数） | ≤0.05 | 1.0< | 1.0~1.5 | >1.5 | GB/T 17144—1997 |
| 酸值 mg KOH/g | | 0.5< | 0.5~1.5 | >1.5 | GB 24747—2009 |
| 水分，mg/kg | | <500 | 500~1000 | >1000 | GB/T 11133—2015 |
| 5%馏出温度，℃ | | | ≤最高工作温度或未使用2%馏出温度 | ≤系统回流温度 | GB/T 6536—2010 |

## 7.5 白油及其分类

白油,通常是指经过特殊的深度精制后的白色矿物油,基本组成为饱和烃结构,芳香烃、氮、氧、硫等物质含量近似于零。白油具有良好的氧化安定性、化学稳定性、光安定性,无色、无味,不腐蚀纤维纺织物。白油广泛应用于日化行业、药品生产、食品加工、纤维和纺织、聚苯乙烯树脂、石油化学工业、塑料和橡胶加工、皮革加工、仪表和电力等领域。

国外将白油分为工业级和食品医药级,主要的标准有:美国食品医药管理局(FDA)、德国药典(DAB)、法国CODEX,以及埃索、道化学、费纳、东洋和赫夫曼等企业标准。国内将白油分为工业级、化妆品级和食品医药级,广泛应用的聚苯乙烯白油均采用企业标准。

工业级白油是由加氢裂化生产的基础油为原料,经深度脱蜡、化学精制等工艺处理后得到的,执行 NB/SH/T 0006—2017《工业白油》标准。工业白油分为优级品和合格品两大类,其中优级品需要通过硫酸显色试验及硝基萘试验。在化学、纺织、化纤、石油化工、电力、农业等领域,工业级白油可用于聚乙烯(PE)、聚苯乙烯(PS)、聚氨酯(PU)等生产。

化妆品级白油是采用加氢原料经过深度精制后得到,执行 NB/SH/T 0007—2015《化妆品级白油》标准。与工业级白油相比,化妆品级白油对油品的精制深度更高,特别规定稠环芳香烃的含量,要求紫外吸光度不大于0.1,同时要求重金属含量不超过 30mg/kg,砷含量不超过 2mg/kg;主要适用于化妆工业,可作为发乳、发油、唇膏、面油、护肤油、防晒油、婴儿油、雪花膏等软膏和软化剂的基础油。

食品医药级白油是以矿物油为基础油,经深度化学精制、食用酒精抽提等工艺处理后得到,执行 GB 1886.215—2016《食品安全国家标准 食品添加剂 白油(又名液体石蜡)》标准。与化妆品级白油相比,食品医药级白油的精制深度更高,对油品的相对分子质量及馏程等均提出了要求,同时要求重金属含量不超过 10mg/kg,铅、砷含量均不能超过 1mg/kg。食品医药级白油主要适用于粮油加工设备、水果蔬果加工设备、乳制品加工设备、面包切制机等食品工业加工设备的润滑,应用于食品上光、防粘、消泡、刨光、密封,可作为通心面、面包、饼干、巧克力等食品的脱模剂,能够延长酒、醋、水果、蔬菜、罐头的储存、保鲜期。

# 7.6 工业白油及其应用

我国将白油分为工业级、化妆品级和食品医药级,其中工业白油质量标准为 NB/SH/T 0006—2017,在以下领域应用较为广泛:

一是化纤和纺织。在化学纤维加工过程中,要提高加工效率、质量及服务性能,就必须使用化纤油剂。白油作为开发较早而且廉价易得的一种原料,在化纤油剂中主要用作平滑剂。因不同纤维加工过程中对油剂的要求不同,其相应的油剂所需的平滑剂也不相同。白油在涤纶 DTY 油剂、涤纶 FDY 油剂、丙纶油剂、锦纶油剂、人造纤维油剂等中的用量较大,其用量占油剂组成的 30%~90%,甚至更高。另外,白油还应用于纺织机油、纺织纤维稀释剂、编织机和缝纫机油等。纺织助剂中所用的白油均为低黏度产品,以 7 号、10 号、15 号居多。

二是塑料和橡胶加工。白油主要用作脱膜剂及配方中用作软化剂及内润滑剂。与其他软化剂不同,白油具有低污染性和良好的着色性能,因此多用于浅色及较鲜艳的制品中,如浅色的塑料壳体等注射及模压制品中、浅色橡皮及其他工艺制品等。根据实际工艺的需求,所使用的白油黏度等级也不尽相同。

三是铝材加工。空调铝翅片、易拉罐等铝制品加工过程中需要使用低黏度的挥发性冲压油,低黏度等级的白油可作为其基础油使用,多为 10 号以下。

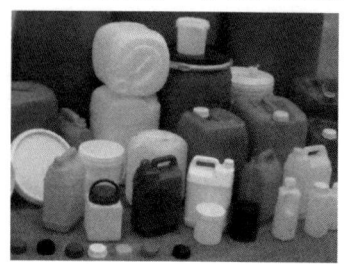

四是石油钻探。因白油无色无味、荧光级别低等特性,不影响地质荧光录井,

在石油钻探中常用作钻井液润滑剂，改善钻井液润滑性，降低井壁与钻具（或套管）之间的摩擦力，降低钻柱旋转扭矩和起下钻阻力，从而减少卡钻事故的发生。

近年来，优质的白油在确保安全、优质、快速钻井中起到越来越重要的作用，而油田对钻井液润滑剂需求量也越来越大，发展前景广阔。钻井液使用的白油因钻探介质、钻井深度和使用方式不同而有很大不同，有些是加入水基钻井液中使用，有些以油基钻井液为主。多数使用40℃黏度为 3~15mm$^2$/s 的低黏度工业白油，但也有些场合需要高黏度工业白油。

## 7.7　化妆品级白油及其应用

我国将白油分为工业级、化妆品级和食品医药级,其中化妆品级白油质量标准为 NB/SH/T 0007—2015,按照黏度不同,共分为 10 号、15 号、26 号、36 号等 4 个牌号,在化妆品和护肤品等领域应用广泛。

（1）化妆品工业原料。化妆品级白油可用于制作生产发乳、发油、发蜡、口红、面油、护发脂、洗面膏、雪花膏、冷霜、剃须膏、婴儿霜等几乎所有化妆产品,也可用于生产卫生洗涤剂,对皮肤和头发有滋润、营养、保湿等作用。化妆品级白油的性状:无色、无味、无臭、不发黄、不显荧光的透明状液体,溶于乙醚、氯仿、汽油及苯等溶剂,不溶于水和乙醇,纯度高,具有良好的抗氧化性和化学稳定性。

（2）发乳。头发用化妆品中,发乳是一种乳化型膏乳状的护发用品。它具有膏体稳定、稠度适当、色泽洁白、香气持久的特点,有良好的护发和固定发型的作用。使用发乳后头发柔软,润滑,而且有天然光泽,随意成型,对头皮无刺激。发乳是一种整发护发剂。

随着社会的发展,人们生活水平的提高,大家对美的鉴赏能力的提高,对美的需求也相应提高,其中对头发的护理更是"头等大事",这从名目众多、功能各异的发乳产品中可以看出，新产品更不断涌现，说明发乳的需求将持续不断，客户群体将越来越多。作为发乳主要原材料的化妆品级白油，其需求量也将随之增加，满足人们日益增加的需求。

（3）护肤脂。化妆品行业的蓬勃发展是大家有目共睹的，不需要在这里赘述。护肤脂是其中的一大类，是一种普遍使用的化妆品，更是秋冬季的必备佳品。化妆品级白油作为护肤脂的主要原料，需求量很大。

## 7.8 食品医药级白油及其应用

食品医药级白油采用独特的高温高压加氢裂解工艺生产而成,是专为食品加工业、制药业及农产品加工业生产研制的,一般应符合 FDA 21 CFR 第 172.878 条、第 178.3620(a)条、第 178.3570 条、第 176.170 条规定,通过 NSF H1 级,3H 级认证。

我国的标准为 GB 1886.215—2016。食品医药级白油要求油品的精制深度很高,对油品的相对分子质量及馏程均有相应的规定,同时要求稠环芳香烃的紫外吸光度不大于 0.1,重金属含量不能超过 10mg/kg,铅及砷的含量均不能超过 mg/kg。食品医药级白油主要在食品加工、医药、化妆品等行业应用广泛。

在食品加工领域,食品医药级白油可用作烤箱烤架、面包盘、模具的脱模剂,面团分割器、刀具、切割机、肉类包装台、案板、盘子、吊钩以及食品纸箱和纸盒的润滑剂,糖果、水果和蔬菜的保险膜层,蛋类外壳的喷涂剂;也可用作肉类加工厂、海鲜加工厂、糕点厂、烘焙厂、宠物食品厂、酿酒厂、冰激凌厂、水果加工厂、炸土豆片厂、罐头厂、饮料灌注厂、自来水厂的设备润滑剂。

在化妆品行业，食品医药级白油可用作面霜中的润肤剂，也可用于防晒油、婴儿油中的润肤剂等化妆品的配制。

在医药行业，食品医药级白油可作为喷剂和软膏的载体，药丸的辅剂和制药的媒介，胶囊生产的助剂、脱模剂；也可用作纤维、塑料和树脂领域的辅助材料、稀释液、色素分散剂，以及纺织纤维润滑油。

## 7.9 食品级润滑油脂

食品加工过程离不开机器设备，也就需要润滑。应用在食品加工机械上的润滑油脂，难免接触食品，关系到人们的身体健康，所以有特别的要求。

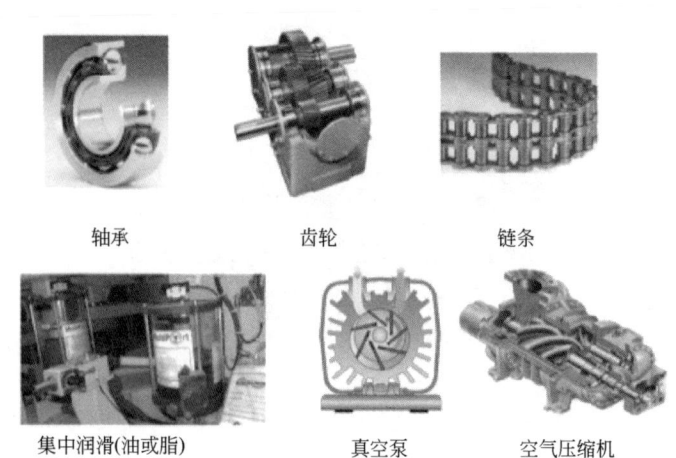

轴承　　　　　齿轮　　　　　链条

集中润滑(油或脂)　　真空泵　　空气压缩机

总体来说有三个方面，一是对用于食品加工过程的润滑油脂的组成材料及份额，需要在政府食品卫生管理部门批准的名单和范围之内。例如美国FDA（美国食品药品监督管理局）要求，一般含芳香烃的基础油、一些酯类和硅油不能作为基础油，二烷基二硫代磷酸锌（ZDDP）、二硫化钼等黑色添加剂不能应用。

二是用于食品相关的润滑油脂配方和商标需要得到第三方的检测和认证，例如NSF（美国国家卫生基金会—非政府组织），一般将与食品的接触风险和程度分为不同的类型，例如H1（有可能接触食品，如食品加工通风空气压缩机、链条，生产线上部的泵、液压系统、齿轮箱等的润滑剂）、H2（不可与食品接触的润滑剂，如食品生产线之下的齿轮箱等的润滑剂)、3H（如罐装压盖、注塑、搅拌和面机等使用的直接接触食品的润滑剂）和HF1（食品加工用导热油）。

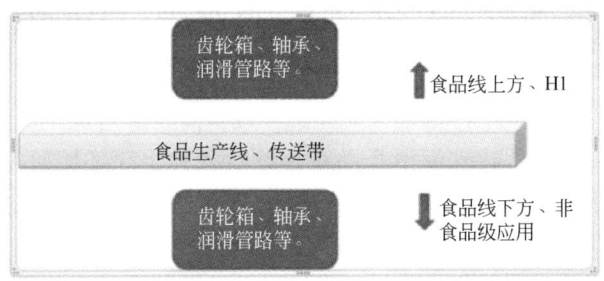

食品厂HACCP审核以及ISO 22000认证过程中，明确要求在关键润滑控制点(LCCP)使用食品级润滑剂

三是要求生产食品级润滑油脂的企业需要经过相关生产过程控制的体系认证，例如ISO 1469（食品润滑剂生产法规与标准）或我国的GB 23820—2009《机械安全 偶然与产品接触的润滑剂 卫生要求》。

常用的食品级润滑脂有复合铝稠化PAO、膨润土稠化白矿油、复合磺酸钙稠化PAG、聚四氟乙烯（PTFE）稠化硅油，以及合成酯、全氟聚醚（PFPE）氟油等。

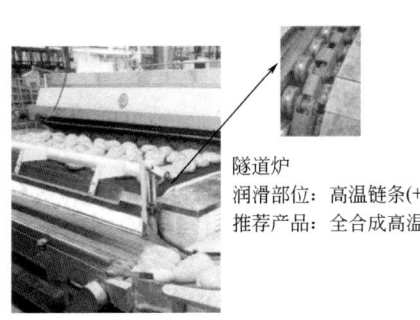

隧道炉
润滑部位：高温链条(+200/+300℃)
推荐产品：全合成高温链条油

# 8 八类特殊产品及其关键指标

随着工业生产设备日益先进，设备需要应对的工况环境也越发苛刻，特殊润滑产品正是针对各种工况环境研发的，不同于广泛认知的发动机油、齿轮油、液压油、压缩机油等主流润滑产品。特殊润滑油产品的研发和生产，更侧重于通过对特殊工况的细致分析，有针对性地进行设计，从而最大限度发挥其"特殊"效用。

每个产品都需要符合全部标准指标要求，但是各类不同的润滑产品在选择、应用中相对容易出现问题的关键指标，更应当予以特别重视。本章选择了基础油、工业白油、有机热载体、防锈油脂、液压支架液、变压器油、橡胶油和气柜密封油八类特殊产品，通过对其研发、生产和应用的经验提炼，分别总结了四到六个关键指标进行阐述，为润滑油从业者及相关领域应用者提供参考。

## 8.1 基础油应用中最重要的五个指标

API-1509《基础油分类标准》以黏度指数、饱和烃含量、硫含量等指标,将基础油划分为Ⅰ、Ⅱ、Ⅲ、Ⅳ、Ⅴ等类型,并制定了相应的互换规则,是国内外润滑油行业指导基础油生产和应用的总原则。我国并没有统一的基础油国家行业标准,在实际应用中,都是以供应商各自的企业标准为依据将基础油分为不同的品种和牌号,例如中国石油的Q/SY 44—2009《通用润滑油基础油》和Q/SY RH7002—2016《加氢基础油技术要求》等。每个基础油产品都有黏度、外观、密度、倾点等10余项质量标准,需要炼厂通过工艺参数的调整和控制满足要求,并进行出厂检验,提供产品分析单。

质量标准和分析单上的每个指标都不可或缺,但针对基础油的不同应用领域,性能指标的侧重也有所不同,例如工业润滑油对黏度指数、倾点、抗乳化性、空气释放值、抗氧化性等质量指标尤为重视。其中有些性能指标可通过基础油本身的调和或添加剂改善,例如黏度、黏度指数、倾点等;有些性能指标则很难通过添加剂改善,例如蒸发损失、空气释放值等。综合来说,对于基础油的应用,黏度指数、倾点、抗乳化性、空气释放值和抗氧化性是最需要关注的五个指标。

(1)黏度指数。

黏度指数($VI$)是基础油黏度随温度变化程度的度量,黏度指数越高,黏度对温度的变化越小。$VI$根据40℃和100℃的运动黏度计算或查图得到。一般环烷基基础油的$VI$可小至0及以下,石蜡基Ⅰ类基础油的$VI$可以达到95以上,经过溶剂深度精制甚至可达105;加氢精制基础油的$VI$可以达到95~140,主要取决于原料的$VI$、加氢裂化深度、加氢脱蜡工艺等。

不同的润滑油产品对基础油黏度指数的要求也不尽相同。液压油、液力传动油等工业油产品使用工况高低温变化较大，需同时关注高温和低温的黏度指标，要求黏度指数满足各类产品指标要求，较高黏度指数的基础油是调和此类优质工业润滑油产品的基础。而工业白油、冷冻机油、有机热载体等产品不同时关注高温和低温黏度，标准对黏度指数无要求，例如冷冻机油主要关注低温性能，通常使用低黏度指数的环烷基基础油。

（2）倾点。

倾点是特定条件下基础油失去流动性的最高温度，一般由 ASTM D97 或 GB/T 3535—2006《石油产品倾点测定法》测定，也有自动倾斜法、自动脉冲等自动测试法，如 ASTM D5950-14、ASTM D5949-16、ASTM D 5985-02、ASTM D6749-02。石蜡基基础油的倾点受脱蜡工艺的条件影响，一般在 $-15 \sim -12°C$；环烷基基础油蜡含量很低，倾点可达 $-50 \sim -30°C$。

液压油、液力传动油和发动机油等都对倾点有指标要求，以便满足其在低温环境下的正常使用，具有适当倾点的基础油是调和优质润滑油的基础。降凝剂可以降低基础油的倾点，但需要针对基础油结构组成选择恰当的降凝剂品种和加剂量。

（3）抗乳化性。

工业润滑油在运行过程中混入水分的可能性较大，要求其具备优良的分水能力。

基础油的抗乳化性一般应用 GB/T 7305—2003《石油和合成液水分离性测定法》测试，40°C运动黏度为 $28.8 \sim 90 mm^2/s$ 的油品，试验温度为 54°C；40°C运动黏度超过 $90 mm^2/s$ 油品的试验温度为 82°C。用于工业油调和的基础油抗乳化度一般要求不高于 10min 或 15min。

(4)空气释放值。

空气释放值是指在标准规定情况下,试样中雾沫空气体积减少到 0.2% 时所需的时间,也就是气泡分离时间,单位以 min 表示。空气释放值对于液压油很重要,液压油里含有空气会增加液压油的可压缩性,受到压缩油温会升高,缩短液压油的使用寿命,使液压泵气蚀损坏。

黏度等级不同,对空气释放值的要求不同,尚无添加剂可以改善油品的空气释放值,主要取决于基础油。为保证涡轮机油和液压油满足规格要求,150N 等轻组分基础油的空气释放值一般应小于 3min,400/500N 等重组分的空气释放值一般应小于 6min。

(5)抗氧化性。

抗氧化性是工业和车用润滑油共同的核心性能之一,一般在基础油中加入 0.8% 的 T501 抗氧剂,在 150℃ 下应用旋转氧弹法测试其氧化安定性。一般溶剂精制基础油的旋转氧弹值在 180min 以上,加氢基础油的旋转氧弹值可达 250min 以上。在润滑油产品开发过程中,通过在基础油中加入抗氧剂可显著提高其抗氧化性能,而基础油对抗氧剂的感受性与精制深度相关,精制深度越深,感受性越好。

## 8.2　工业白油应用中最重要的四个特性

白油,通常是指经过特殊深度精制后的白色矿物油,其基本组成为饱和烃,芳香烃、氮、氧、硫等物质含量近似于零。白油具有良好的氧化安定性、化学稳定性,光安定性,无色、无味,不腐蚀纤维纺织物。白油广泛应用于日化行业、药品生产、食品加工、纤维和纺织、聚苯乙烯树脂、石油化学工业、塑料和橡胶加工、皮革加工、仪表和电力等领域。

我国将白油分为工业级、化妆品级和食品医药级等,其标准包括 GB 1886.125—2016、GB 12494—1990《食品机械专用白油》、NB/SH/T 0007—2015、NB/SH/T 0913—2015《轻质白油》、NB/SH/T 0914—2015《粗白油》及 NB/SH/T 0006—2017 等,其中只有食品医药级白油以100℃黏度为参考分为1号至5号,其他都以40℃运动黏度划分牌号。总体上说,工业白油着重规定了颜色与显色试验,而化妆品级和食品医药级则从重金属含量和稠环芳香烃吸光度等方面更严格地限定了有害物质含量。

工业白油又分为优级品和合格品两大类,各自都同时规定了黏度、闪点、倾点、机械杂质等十多个必须满足的性能指标,就其在使用过程中的影响来看,运动黏度、颜色、闪点、硫酸显色与硝基萘试验是其最重要的四项指标。

（1）运动黏度。

按照40℃运动黏度的不同，优级品工业白油分为5号、7号、10号、15号、32号、68号及100号等黏度牌号，合格品工业白油只有5号、7号、10号及15号等四个黏度牌号。每个黏度等级的工业白油要求其40℃运动黏度在相应的标准范围之内，这就直接决定了工业白油的应用领域。例如在空调铝翅片、易拉罐等铝制品加工过程中需要使用低黏度的挥发性冲压油，低黏度等级的白油可作为其基础油使用，多为10号以下；在塑料和橡胶加工过程中，经常使用32号至100号高黏度工业白油作为脱模剂、软化剂及内润滑剂等。

（2）颜色。

颜色是工业白油最重要的指标要求之一，其之所以被称为白油，一个重要的原因就是颜色非常浅，接近于无色或水白色。其中优级品工业白油，都要求赛氏色度号不低于+30；而合格品工业白油颜色要求略低，5号、7号、10号要求赛氏色度号不低于+20，而15号要求不低于+24。近年来，5号至10号低黏度优质工业白油常用作石油钻探过程中的钻井液润滑剂，就是因为其无色无味、荧光级别低等特性，而不会影响地质荧光录井。工业白油在塑料和橡胶加工领域的应用，其中一个重要的原因也是其颜色浅的特性，不会对最终产品的颜色质量产生影响。

（3）闪点。

闪点是与油品使用安全关系最大的一项性能指标，对工业白油而言更为重要。由于常用的工业白油大部分为低黏度产品，因此在使用过程中与普通油品相比存在更大的安全隐患，这就要求严格控制工业白油的闪点在安全范围之内。不同牌号的工业白油闪点要求从110℃到200℃不等。

**工业白油的闪点要求**

| 牌号 | 5 | 7 | 10 | 15 | 32 | 68 | 100 |
|---|---|---|---|---|---|---|---|
| 开口闪点，℃ | ≥110 | ≥130 | ≥140 | ≥150 | ≥180 | ≥200 | ≥200 |

（4）硫酸显色与硝基萘试验。

硫酸显色与硝基萘试验是工业白油优级品与合格品的关键差别。硫酸显色试验采用 NB/SH/T 0006—2017 标准中附录 A 试验方法，也就是将样品与85%的硫酸在100℃的沸水浴中反应 10min，将反应后硫酸层的颜色与标准液颜色对比，优级品白油要求酸层颜色浅于标准液。

硝基萘试验采用 NB/SH/T 0006—2017 标准中附录 B 试验方法，在规定条件下，用 15mL 乙醇萃取 3mL 白油，震荡 1min，将乙醇蒸发到剩余 1mL，要求优级品工业白油没有"发黄浑浊物质"，以考察工业白油中是否含有残余芳香烃类化合物，从而反映出白油的精制程度。

这两个试验的实质都是考察白油的精制程度，但又有所侧重，硫酸显色试验的核心是着眼全部不饱和成分；硝基萘试验是看是否存在残留芳香烃成分。两者经常会同时通过或不通过，但也有一个通过另一个不通过的情况。

## 8.3 有机热载体应用中最重要的四个指标

有机热载体是填充在间接加热系统中的一种热载体,多数用于高温加热过程中精确控制温度,也有同一系统可实现加热和冷却两个目的的体系。与直接明火或水蒸气加热相比,使用有机热载体具有设计简单、操作方便、使用温度范围宽、操作压力低、传热均匀、维修成本低、投资少、能效高等诸多优点,有机热载体被广泛应用于化工、石油、纺织印染、食品加工、建筑、造纸、建材、制药和家用电器等行业开式或闭式传热系统。

我国有机热载体执行国家标准 GB 23971—2009《有机热载体》,规定了运动黏度、闪点、自燃点、酸值、密度、残炭、热氧化安定性及热稳定性等十几项理化指标,突出热氧化安定性和热稳定性,但在其使用过程中,牌号选择、运动黏度、自燃点和闪点、热氧化安定性及热稳定性等是有机热载体最重要的四个指标。

(1)牌号选择。

有机热载体是在高温条件下使用的有机热介质,为了保证锅炉及传热系统安全运行,必须合理选择有机热载体的产品牌号。首先,要确认传热系统是开式还是闭式系统,如开式系统一般只能选用 QB280 或 QB300,且使用温度不超过150℃。其次,QB280 和 QB300 也可用于闭式传热系统,使用温度应低于牌号标识 20℃ 为好。再次,原则上 QC310 及以上产品只能用于闭式系统,使用温度最好不要超过 280℃,绝对不要超过 300℃。最后,300℃ 以上的系统,最好使用QD 合成型产品。

(2)运动黏度。

在 GB 23971—2009 标准之前,我国有机热载体产品执行的标准为 SH/T 0677—1999《热传导液》,没有对产品的运动黏度做出要求。GB 23971—2009 规定 40℃运动黏度不超过 40mm²/s，主要考虑产品的低温启动性和传热效率，一般运动黏度越大，低温流动性越差，传热效率也越低。

（3）自燃点和闪点。

有机热载体长期在高温条件下运行使用，自燃点和闪点是有机热载体最重要的安全指标。GB 23971—2009 规定自燃点高于最高允许使用温度，最高使用温度通过 GB/T 23800—2009《有机热载体热稳定性测定法》测定，也就是被测有机热载体变质率不超过 10%（质量分数）的最高试验温度。

有机热载体挥发的气体具有可爆性，当跑、冒、漏的热油与空气混合时会发生着火爆炸，造成不必要的损失。GB 23971—2009 规定所有热载体的闭口闪点大于 100℃，并要求 QB280 和 QB300 两个牌号的产品开口闪点大于 180℃，对其他牌号开口闪点未做要求。

（4）热氧化安定性及热稳定性

开式体系的有机热载体在高温下接触空气等外来污染物而老化，其氧化后会生成有机酸，腐蚀过滤器和热交换器。有机热载体热氧化安定性评价方法为 GB 23971—2009 附录 C，在 175℃下连续氧化 72h，通过 40℃黏度增长、酸值增加和沉渣等 3 项指标来判断热载体的热氧化安定性。具有良好热稳定性的有机热载体氧化后，在容器中外观清澈，酸值增加少，过滤后沉渣也少（<50mg/100mL），滤纸上看不出明显残渣。用于闭式传热系统的有机热载体对热氧化安定性不做要求。

有机热载体，特别是矿物油型热载体，在加热操作过程中因受热易产生分解和缩合反应，并伴有气体生成，致使有机热载体的相对密度、黏度等均发生变化。生成的裂解气虽可设法排出系统外，但缩合物却会在加热炉管或加热器的传热面上产生积炭、胶质等物质,严重时可造成加热炉管或加热器的破坏。有机热载体要有较高的热稳定性,其评价方法为 GB/T 23800—2009,在指定试验温度下评价热载体的变质率,包括气相分解产物、高沸物、低沸物和不能蒸发产物四部分之和,要求变质率不超过 10%。

## 8.4　防锈油脂应用中要特别关注的五个要素

在机械零件的加工、储存和运输过程中，如果防锈管理措施不当，就会造成半成品和成品零件大量锈蚀，导致返工甚至严重经济损失。选用适宜的防锈油非常重要，防锈油种类繁多，根据石化行业标准 SH/T 0692—2000《防锈油》中的分类，已形成除指纹型、溶剂稀释型、脂型、润滑油型和气相防锈油五大类型，每一大类又根据油膜的性质、油品黏度等细分为 15 个牌号，随着生产工艺的不断革新，还出现了如静电喷涂防锈油等新类型的防锈油产品。而不同类型的防锈油脂产品，在成膜、防锈周期、施工方式等方面存在显著差异，须科学选用才能实现对金属的有效防护。综合来说，需要特别关注防锈周期、金属工件的材质与结构、前后工序、储运条件、施工工艺等五个要素。

(1) 防锈周期。

终端产品和半成品对防锈周期的要求大为不同。一般情况下，考虑到仓储、运输等周期，终端金属件产品如轴承、钢球等，往往需要半年到数年不等的较长防锈周期。而工序间的半成品金属件，经过短暂堆放很快即能进入下一道工序，则只需数周至数月的防锈周期。针对工序间防锈或短期防锈，可以推荐昆仑 RA15、RA32、RA46（字母后面的数字代表 40℃运动黏度）等短期防锈产品，防锈周期为 3 至 6 个月；对于终端产品的中长期包装防锈，可以推荐昆仑 RB10、RB20、RB40、RB32 系列薄层防锈油，防锈周期在一年以上；对于金属工件的长期封存，则可以选用 RC 系列长寿命封存防锈油，室内防锈周期在 2 年以上。如果户外有遮盖，RC 系列防锈油的防锈周期至少延长 1 年，如果防锈处理前的脱水、清洗工作做得好，则其防锈周期还可适当延长。

(2) 金属工件的材质与结构。

防锈剂对金属有一定的选择性，并非对所有金属都有防锈保护作用，造成所调和的防锈油对不同金属材质的防锈效果不同。大多数防锈剂是针对黑色金属设计的，对铜等有色金属并无防锈保护作用，使用防锈油前必须明确工件的材质类型。如果工件含有铜等有色金属，就须在防锈油选用指标中要求供应商提供 H62 黄铜、T2 紫铜等试片的防锈性能数据。

结构简单、表面积大的金属件，一般选用溶剂稀释型硬膜防锈油或防锈脂，便于涂覆和启封，可以推荐昆仑 RF50 硬膜防锈油；结构复杂、有孔或内腔的金属件，一般选用溶剂稀释型软膜防锈油或润滑油型产品，可以推荐昆仑 RG70/80（字母后的数字代表闭口闪点）软膜防锈油或 RB10、RB20、RB40、RB32 等系列薄层防锈油，防锈周期均在 1 年以上，且启封简单，也可带油装配。

（3）前后工序。

成品金属工件在进行防锈处理时，往往会用溶剂油或水性清洗剂清洗，如使用水性清洗剂或水基金属加工液，则可以推荐昆仑 RW65/80（字母后的数字代表闭口闪点）水置换型脱水防锈油，防锈期 1~6 个月。对于用溶剂油清洗的工件，需在使用中注意溶剂油对防锈油的稀释作用，以油池形式浸油涂覆防锈油的须定期通过防锈油黏度、灰分（代表防锈剂浓度）等指标检测池中防锈油含量，如以喷涂形式涂覆防锈油，则应选用黏度级别稍高的防锈油，以减少因溶剂油稀释而流失的防锈油。

（4）储运条件。

对于发动机、变速箱、齿轮箱、液压油箱等结构复杂的特殊金属件，暂时封存工况除对防锈油的防锈性能有要求外，还要求防锈油具备一定的润滑性，以备万一短期使用，可以推荐具有一定润滑性的 RB 系列薄层防锈油。产品如需经过海运，则要求防锈油还须具备良好的抗盐雾能力。在中国南方梅雨季节,则要求防锈油具备良好的抗湿热能力,可以推荐昆仑 RG70 软膜防锈油,其盐雾试验可达 168h 无锈,湿热试验 120d 无锈,或 RB 系列薄层防锈油。

对于成品金属件出口海外的,需根据进入国家或地区的环保法规,避免防锈油中使用被管控或限制的有害组分。例如,多数欧盟国家要求防锈油不含重金属钡、芳香烃等,就须使用无钡型、低芳香烃的环保型防锈油产品,可以推荐昆仑 RG70 无钡软膜防锈油或 RD32 无钡润滑型防锈油,其钡含量均低于 10mg/kg,完全满足欧盟的法规要求。

(5)施工工艺。

防锈油使用多采用自动化的喷涂设备,工作时直接从包装桶中抽取后进行喷涂,这类施工方式可以有效避免防锈油被污染的可能,基本无须维护。对于油池浸泡施工的防锈油,则需要注意监测油池中防锈油的外观、黏度、机械杂质和灰分,如油品出现乳化发白现象,则说明水含量大大超标,须及时更换;如黏度或灰分较新油下降超过 20%,则须补加新油或直接更换;如机械杂质超标,则须进行循环过滤,机械杂质的存在会影响防锈油膜的成膜均匀性。此外,需注意工件在进行防锈处理前,清洗或烘干是影响防锈周期的一个重要因素,如果工件清洗彻底而且被烘干处理,则进行防锈处理后,防锈油的效果会显著优于清洗不彻底或不清洗的工况。

## 8.5 液压支架液应用中最重要的四个指标

液压支架是综合机械化采煤工作面的安全支护设备,与其配套使用的液压支架液一般分为乳化油、微乳液(这两种产品的类型代号同为 HFAE)和全合成型 HFAS(即液压支架用浓缩液及其高含水液压液)等三类,其性能都必须满足煤炭行业标准 MT 76—2011《液压支架用乳化油、浓缩物及其高含水液压液》的要求。其中,随着综合机械化采煤工作面电液控制系统的引入和不断发展,HFAS 以其优异的高稳定性、防锈性、洁净性能够满足市场的需求,而得到较快发展。

MT 76—2011 中对液压支架用乳化油、浓缩液及其高含水液压液的性能要求共有 17 项之多,主要包括高低温稳定性、防腐防锈性、润滑性能、消泡性能、橡胶相容性等理化和模拟评价指标等,均应满足要求。根据液压支架液性能特点及其应用过程中容易出现的问题,牌号推荐、稳定性、防锈防腐性能及润滑性能最为关键。

(1)牌号推荐。

液压支架液分为乳化型(HFAE)和溶液型(HFAS)两类。每类产品类型代号根据 GB/T 7631.2—2003 规定确定。例如,HFAE15-5 液压支架用乳化油,表示可适用于最

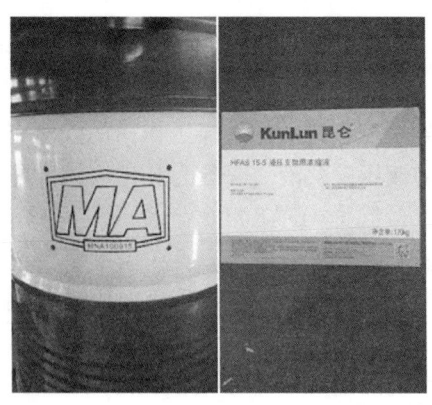

高硬度为 750mg/L、最高硫酸根离子浓度为 720mg/L 的水质，配成浓度为 5%（质量分数）的乳化液使用。

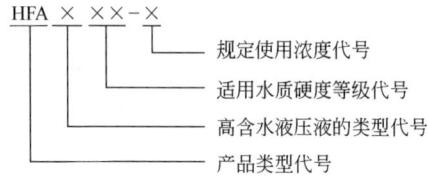

（2）稳定性。

液压支架液的稳定性指标包括热稳定性、室温稳定性和振荡稳定性。热稳定性、室温稳定性的技术指标均是液面析出物体积含量不大于 0.1%，无絮状物、无分层、无析水，振荡稳定性的技术指标是无析出物。一般来说，乳化油是油—水两相体系，在使用过程中很容易出现析油、析皂等情况，析出物不易降解，一旦出现泄漏或排放就会造成严重的矿井水质污染；同时析出油、皂不断积累，会堵塞液压系统过滤器组件，造成液压支架工作失常。

全合成液压支架液是以水作为载体，具有优异的稳定性和环境友好性，不会产生油、皂析出现象，可明显减少清洗过滤器和先导阀的工作量，延长设备无故障运行周期，有利于综合机械化采煤工作面安全操作，提高矿井高产高效的水平。

(3) 防锈防腐性能。

液压支架液大多采用现场地下水、井水等来稀释浓缩液，这些水具有高硬度（500~1500mg/L）、高浓度氯离子（达到200mg/L）和高浓度硫酸根离子（480~1440mg/L），在这种水质条件下，就需要液压支架液具有良好的防锈防腐性能，要求防锈试验"无锈蚀、无色变"，以避免液压支架设备在使用过程中会出现锈蚀。

(4) 润滑性能。

液压液都需要具备一定的润滑性能，作为液压油液的一种，水基液压支架液也不例外，其性能一般采用最大无卡咬负荷（$PB$）值来表征，通常要求不小于392N，市场上能够满足的合格产品不多，这是鉴别液压支架液产品优劣最重要的指标之一。

## 8.6　变压器油应用中最重要的五个指标

变压器油根据其最低冷启动温度、设备电压等级不同等分为很多种类、牌号和品牌。我国变压器油产品主要执行国家标准 GB 2536—2011，以及中国石油企业标准 Q/SY RH2097—2013《KI50X、KI50GX 变压器油》，出口变压器油主要执行 IEC 60296—2012 及 ASTM D3487-16 标准。每一个产品牌号都有黏度、密度、倾点、腐蚀性硫等约 20 项质量指标，需要供应商在定型或出厂时进行检验，并列在产品分析单上。

产品质量标准和分析单上的每个指标都不可或缺，但就变压器油本身在储存、运输和使用中出现问题的概率来看，新油击穿电压、介质损耗因数（简称介损）、油中溶解气含量是最特殊的指标，而当油品出现真假问题时，密度、碳型组成及硫含量是最直接的判断因素。对于运行油，重点监控介损、油中溶解气组分和抗氧剂含量等指标，按照 GB/T 14542—2017《变压器油维护管理导则》要求，特高压变压器油介损（90℃）不大于 0.02，抗氧剂含量大于新油原始值的 60%，氢气和总烃含量不大于 150μL/L，乙炔含量不大于 1μL/L 等。综合来看，在变压器油销售及使用过程中，需要特别关注的是击穿电压、介损、溶解气体、碳型组成和硫含量等五项指标。

（1）击穿电压。

击穿电压是衡量变压器油耐受电压而不被破坏的能力，一般采用 GB/T 507—2002《绝缘油 击穿电压测定法》进行测试，有球形和球盖形两种电极类型，其中球盖形电极的击穿电压结果一般会比球形电极低 3~6kV。电力部门和变压器油供应商大多选用球盖形电极测试，要求处理前变压器油测试结果不小于 30kV，真空脱气脱水处理后不小于 70kV。

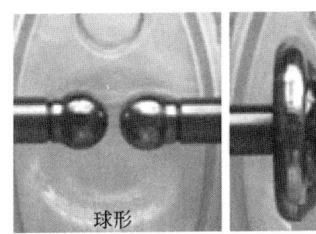

球形　　　球盖形

影响新变压器油击穿电压的主要因素有水分、杂质、温度等外界环境因素。该指标受储运及使用环境影响极大，如洁净、不含固体杂质的变压器油出现击穿电压不合格的现象，主要是环境湿度大、油中微水含量高造成的，可以通过过滤等方式脱水解决。

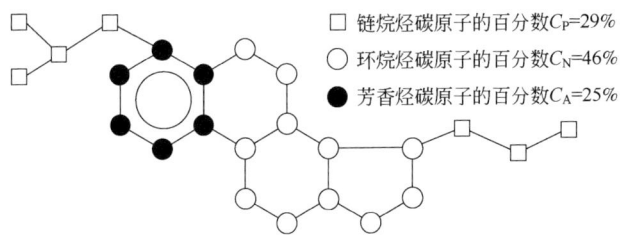

□ 链烷烃碳原子的百分数$C_P$=29%
○ 环烷烃碳原子的百分数$C_N$=46%
● 芳香烃碳原子的百分数$C_A$=25%

（2）介损。

介损主要是反映油中泄漏电流而引起的功率损失，其对变压器油的劣化与污染程度很敏感，特别是极性物质，如常用润滑油中使用的防锈剂、金属清净剂等混入 ppm 级即可使变压器油介损大幅上升。

一般采用 GB/T 5654—2007《液体绝缘材料　相对电容率、介质损耗因数和直流电阻率的测量》方法在 90℃下测试介损，要求小于 0.005，昆仑变压器油内控指标为 0.002。一般来说，未投入运行的变压器油介损不合格主要是颗粒杂质污染、混油或与绝缘材料相容性差造成的，如滤纸过滤后介损大幅下降，则主要为颗粒杂质污染，如过滤后无任何改善，则可能为混油或相容性差造成的，需要进一步查找原因。

（3）油中溶解气组分及含量。

虽然国内外变压器油产品标准对油中溶解气组分含量均无要求，但电力行业要通过分析运行油中的特征气体（$CO_2$、$CO$、$H_2$、$CH_4$、$C_2H_4$、$C_2H_6$、$C_2H_2$）来判断变压器故障的成因。因此，在 DL/T 722—2014《变压器油中溶解气体分析和判断导则》中，对投运前的油中溶解气含量有明确的指标要求，以排除对运行油检测和故障判断的干扰，要求采用 GB/T 17623—2017《绝缘油中溶解气体组分含量的气相色谱测定法》进行检测。变压器油出厂、储存、运输时应严格控制油中溶解气组分含量，使其满足 DL/T 722—2014 的要求，尤其注意监测乙炔含量。绝大部分乙炔超标现象都不是生产过程质量问题，而是储存运输环节受到环境影响，或分析测试出现误差。

**新设备投运前油中溶解气体含量要求（$\mu L/L$）**

| 设备 | 气体 | 330kV 以上 | 220kV 及以下 |
|---|---|---|---|
| 变压器和电抗器 | 氢气 | <10 | <30 |
| | 乙炔 | <0.1 | <0.1 |
| | 总烃 | <10 | <20 |
| 互感器 | 氢气 | <50 | <100 |
| | 乙炔 | <0.1 | <0.1 |
| | 总烃 | <10 | <10 |

（4）碳型组成。

变压器油质量与其基础油的化学组成密切相关，而碳型组成是检测变压器组成最简单和最为常用的方法，也是国际上划分变压器油基属的方法。该方法是将复杂的变压器油简单地看成是由芳香烃、环烷烃和链烷烃组成的单一分子，采用 SH/T 0725—2002《石油基绝缘油碳型组成计算法》或 DL/T 929—2018《矿物绝缘油、润滑油结构族组成的测定红外光谱法》算出其 $C_A$、$C_N$、$C_P$ 值。其中，$C_A$ 指芳香烃碳原子占总碳原子的百分数，$C_N$ 指环烷烃碳原子占总碳原子的百分数，$C_P$ 指链烷烃碳原子占总碳原子的百分数。按国内外基础油分类方法，$C_P$ 小于50%为环烷基油，介于50%~56%为中间油，大于56%为石蜡基油，由于 SH/T 0725—2002 和 DL/T 929—2018 测量结果有一定差异，在有争议或判断油品真假时应采用同一种方法进行测试对比。昆仑变压器油产品质量合格证上备有 DL/T 929—2018 碳型组成结果，方便客户查询验证。

（5）硫含量。

变压器油中存在不同的有机硫化物，其含量高低与原油的产地、炼油工艺以及精制深度直接相关，硫含量结合碳型组成可以用来判断油品原产地真假。例如，昆仑 KI45X/25X/50X 变压器油硫含量为 50~80mg/kg，而未来高压加氢装置投产后生产的变压器油硫含量将小于 5mg/kg，$C_A$、$C_P$、硫含量任意一项差异较大，即可判断为假油。GB 2536—2011 对通用级别变压器油的硫含量只要求提供报告值，对特殊级别变压器油硫含量要求不大于 0.15%，测试方法为 SH/T 0689—2000《轻质烃及发动机燃料和其他油品的总硫含量测定法（紫外荧光法）》。

硫化物不等同于腐蚀性硫，所有昆仑变压器油均不含腐蚀性硫。目前市场上除 GTL 油外其余矿物变压器油都或多或少含有一定的硫化物，但一般都能通过腐蚀性硫试验。

## 8.7 橡胶油应用中的四项重要指标

橡胶油产品是伴随着合成橡胶工业的发展而产生、发展起来的一种润滑油产品,它不在设备中起润滑和密封的作用,而是在橡胶加工过程中参与合成、便于生产操作和改善橡胶性能,在橡胶合成及制品加工过程中是仅次于炭黑、生胶的第三大助剂材料。

根据国家标准 GB/T 33322—2016《橡胶增塑剂 芳香基矿物油》和行业标准 HG/T 5085—2016《橡胶增塑剂 环烷基矿物油》要求,润滑油公司 Q/SY RH2077—2010《橡胶油》标准修订为 QISY RH2077—2017《橡胶增塑剂 矿物油》,涉及五大类橡胶油产品。

(1) KN 系列,包括三种质量差异类型产品,A 型为溶剂精制工艺且添加降凝剂,B 型为溶剂精制工艺,H 型为高压加氢工艺,分别对应辽河厂、克拉玛依厂现有普通环烷基橡胶油。KN 系列适用于天然橡胶、丁苯橡胶、顺丁橡胶、氯丁橡胶、丁基橡胶、热塑性弹性体(TPR)等填充和加工,应用于中低档鞋材、TPR 造粒、轮胎、密封件、胶管、胶带、不溶性硫黄、润滑脂、凡士林等众多行业。

(2) N 优质系列,对应克拉玛依高压加氢优质环烷基橡胶油。N4010 应用于独山子石化、岳阳石化、茂名石化的充油热塑性弹性体 SBS 生产、出口胶黏剂、文具标贴、医药凡士林行业;KN4006 应用于高档鞋材、玩具、文具、工具手柄、TPR 造粒等行业。

(3) KP 系列,对应克拉玛依高压加氢优质石蜡基橡胶油。KP6030 应用于吉林石化充油三元乙丙橡胶、汽车密封件、密封材料的生产加工。

(4) KA 系列,对应辽河普通溶剂精制芳香基橡胶油,应用于国内充油丁苯橡胶和轮胎生产行业。

(5) KA优质系列，对应辽河深度溶剂精制普通芳香基橡胶油，应用于出口充油丁苯橡胶、出口轮胎的生产中。

各种橡胶油有不同的标准检测项目，一般多达十余项，但在销售和使用过程中经常需要关注的主要是碳型结构、光热稳定性、紫外光吸光度和多环芳香烃含量等四项。

(1) 碳型结构。

橡胶油的结构特性决定了橡胶油与不同橡胶胶种的相容性，从而确定其适用性范围，因此以橡胶油的碳型结构特点作为橡胶油分类的依据。按照 ASTM D2140—2008 (2017) 中给出的油品黏度密度常数（VGC）、比折光度及苯胺点与油品分子碳原子结构类型之间的经验关系，通过测定油品黏度、密度、分子质量及折光率来确定油品中碳原子的结构类型，对橡胶油进行分类。一般 $C_P>60\%$ 的被称为石蜡基、$C_N>35\%$ 为环烷基、$C_A>30\%$ 为芳香基，它们之间难免也会有些重叠。

(2) 光热稳定性。

橡胶中所含的双键对光、热、氧的作用较敏感，尤其在紫外光照射下，会发生黄变、交联、硬化变质而无法加工使用。橡胶油的光稳定性是在中高档橡胶加工生产中必须考察的一项重要指标。

高压加氢的深精制工艺并没有彻底解决环烷基橡胶油产品在日光照射下不变色的问题。高压加氢橡胶油生产出来的初始颜色为无色透明的，但在日光照射条件下油品颜色会逐渐变黄，日光强烈照射时黄变现象更为明显。高压加氢深度的不同、催化剂活性的高低及"后精制"方案不同，造成了橡胶油光稳定性能上的差异。昆仑环烷基橡胶油光稳定性优于目前市场上的竞品环烷基橡胶油，这是区别特性之一。

紫外光稳定性试验方法：将装有 120 mL 试样的试验杯放置到试验仪的转盘上，并以 $(5.5\pm0.5)$ r/min 的速度旋转，同时控制试验仪辐射强度为 $(1050\pm150)\mu W/cm^2$、温度为（50±1）℃，6h后测定试样的颜色。用紫外光照射后试样的颜色来表示试样的紫外光稳定性，昆仑KN4006和KN4010橡胶油的紫外光稳定性结果为+30和+28，对照组竞品的紫外光稳定性结果为+11和-3。

温度升高会使氧化反应的反应速率增加，橡胶在140~180℃高温加工时，由于双键的交联或降解会使胶料的性能恶化，橡胶油的热稳定性就成为橡胶加工生产过程中要考虑的一个重要因素，这也是昆仑环烷基橡胶油热稳定性优于竞品环烷基橡胶油的特性之一。

热稳定性试验：将装有规定数量试样的试验杯放在试验箱的转盘上，并以规定的速度旋转，当温度达到规定的要求（如160℃）时开始计时，在达到规定的时间（如4h）后停止加热，冷却30min后测定试样的赛波特颜色，表示试样的热稳定性。昆仑KN4010橡胶油的热稳定性结果为+25，对照竞品的热稳定性结果为+1。

（3）紫外光吸光度。

衡量橡胶油对光线的敏感性，通常以芳香烃含量的多少来衡量，而石油中的芳香烃含量直接与样品对260nm紫外光的吸收量相关。因此，测定260nm紫外光吸光度值的大小可以简明、快速判断橡胶油的颜色稳定性。通常只要260nm紫外光吸光度小于0.2（最好是0.1），就表明橡胶油的颜色稳定性比较好，在阳光曝晒下仍保持颜色稳定不变。

（4）多环芳香烃（PAHs）含量。

欧盟化学品管理局（ECHA）会不定期地更新REACH法规中规定的高度关注物质（SVHC）候选清单，至2018年5月4日正式确认的SVHC候选清单中的物质已经增加到183项，其中与橡胶制品有关的主要是对18种多环芳香烃的限制。多环芳香烃不易降解，易在哺乳类动物体内聚积，且具有高致癌性，易引起基因变异等危害。我国行业标准HG/T 5085—2016《橡胶增塑剂 环烷基矿物油》采用SN/T 1877.3—2007《矿物油中多环芳烃的测定方法》来检测其中的16种。

应定期关注欧盟法规中所更新的清单，对昆仑橡胶油产品进行所有高度关注物质的检测，以保证橡胶油产品和其制品的安全性能，符合出口要求。国际权威检测机构SGS-CSTC通标标准技术服务有限公司对橡胶油产品的SVHC物质含量检测（包括重金属、芳香烃、多环芳香烃、壬基苯酚、有机锡、苯并三唑等）报告证明：KN4010环烷基橡胶油产品满足欧盟法规规定，不含有清单中确定的高度关注物质。

## 8.8 气柜密封油及其五大特性

气柜是用于储存各种工业气体,平衡气体需用量不均匀性的一种容器设备,可以分为低压气柜和高压气柜两大类。其中,高压气柜需要带压密闭操作,属于机械密封,低压气柜分为湿式与干式两种结构,分别需要水和润滑油密封。

湿式气柜是最简单常见的一种气柜,它由水封槽和钟罩两部分组成,通常用于储存煤气。钟罩是没有底、可以上下活动的圆筒形容器。如果储气量大时,钟罩可以由单层改成多层套筒式,各节之间以水封环形槽密封。寒冷地区为防冬季水封槽结冰,必须用蒸汽加热槽中的水。湿式气柜构造简单,易于施工,但储存气压力波动大,土建基础费用高,冬季加热水槽耗能大,检修时产生大量污水,寿命一般为15~20年,大容量储气柜用此型不经济。

干式气柜活塞直径约等于外筒内径,随储气量的增减,活塞上下移动,活塞与气柜壁板之间的间隙靠稀油密封。

干式气柜与湿式气柜相比具有基础费用低,占地面积小,活塞升降速度快,气体吞吐量大且压力稳定,运行管理和维修方便、费用低,无大量污水产生,内壁有油膜保护及冬季只需加热气柜密封油、耗热量较低等优点,寿命可长达30~60年,为大容量气柜的主要形式。

干式气柜密封油广泛用于钢铁及炼焦、城市煤气、石油化工等行业干式气柜的密封及润滑,全国用量约$1×10^4$t。在气柜密封—润滑系统中密封油呈动态循环,对燃气可靠密封,对活塞与柜体之间有效润滑。干式气柜密封油一般需要具有以下五大特性:

一是适宜的密度,例如最好大于850 kg/m$^3$,可有效确保不漏油、不漏煤气,保证安全生产。

二是适宜的黏度及优良的黏温性能,例如50℃黏度为45~55mm$^2$/s,确保四季对气柜均有良好的密封和润滑效果。

三是优异的低温性能,如倾点或凝点不高于-40℃,以确保在寒冷地区的冬季也可使用。

四是良好的氧化安定性,一般要求油品氧化1000h后酸值不大于2.0mg KOH/g。气柜密封油长期连续运转,应避免在与水、煤气和金属等长期接触中氧化生成酸性物质和沉淀物,造成油品变质及金属腐蚀。

五是良好的抗乳化性,一般来说,油品54℃的抗乳化性要求不大于30min。气柜密封油在循环过程中会与煤气中的水接触,并被油泵剧烈搅拌,应具有良好的油水分离抗乳化性能。

昆仑气柜密封油，采用优质矿物基础油，添加抗氧抗磨添加剂、黏度指数改进剂和降凝剂等调和而成，先后在西林钢铁集团 $20×10^4m^3$ 干式煤气柜、攀钢集团 $15×10^4m^3$ 焦炉煤气柜和马钢集团 $10×10^4m^3$ 干式煤气柜等企业得到良好应用。

**昆仑气柜密封油质量指标及典型值**

| 产品名称 | 干式煤气柜密封油 | | 日期 | |
|---|---|---|---|---|
| 单位 | 西林钢铁集团 | | 数量 | 80t |
| 项目 | | 质量指标 | 检验结果 | 试验方法 |
| 运动黏度（50℃），$mm^2/s$ | | 40-50 | 45.82 | GB/T 265—1988 |
| 凝点，℃ | 不高于 | -40 | -41 | GB 510—1983 |
| 闪点（开口），℃ | 不低于 | 180 | 185 | GB/T 3536—2008 |
| 机械杂质，% | 不大于 | 0.05 | 0.005 | GB/T 511—2010 |
| 水分，% | 不大于 | 痕迹 | 痕迹 | GB/T 260—2016 |
| 抗乳化性（40-37-3），54℃， | 不大于 | 30 | 15 | GB/T 7305—2003 |

# 9 润滑油的八大理化指标及其检测

润滑油是一种技术密集型产品，是基础油（通常是复杂的碳氢化合物混合体）及相应添加剂的混合物，其使用性能是复杂的物理和化学变化过程的综合效应，通常要用一系列的理化指标、模拟性能指标及台架试验指标三个层次来评价，不同产品可达十余项乃至几十项指标不等。

这些性能指标及其实际测试数据会出现在产品规格及质量检验报告中，认识这些指标的意义，从而判断产品的质量及变化后对使用的影响对润滑油研发、销售、生产和使用人员来说都有非常重要的意义。其中，台架试验指标是采用某种典型的设备进行实际或强化工况试验后取得的评价数据，如发动机台架试验或液压泵台架试验等，一般耗时长、费用高，多半是在产品定型时测试；模拟性能指标，一般是指模拟润滑工况和环境条件下的强化实验测试指标，例如，四球试验、抗乳化度测试、抗泡性测试、各种实验室氧化性能测试，其测试费用比台架试验低、时间短，多半要批量测试，但也有一些只做定型或定期测试；理化指标是指润滑产品未使用前的组成和物性数据，例如，密度、黏度、元素含量、闪点、倾点等，测试成本最低，一般需要批次测试，所以往往是用户判断油品质量水平的最常用参数。

不同的润滑油品所需要测试的理化指标也有所不同，但其中八大项是几乎每一个润滑油品所必须测试的项目，润滑油营销和应用人员对这些指标及其测试有所了解非常重要。本章分别介绍这八个理化指标，即外观与色度、密度与相对密度、黏度与黏度指数、闪点和燃点、机械杂质与清洁度、水分、残炭与灰分、酸值和碱值指标测试。每一个指标都包含指标定义、试验原理、方法概要、试验适用的范围及试验结果的表达方式等内容，以期让读者对润滑油的基本性能指标有一个大概了解。

## 9.1 润滑油的外观与颜色

润滑油的外观是产品的固有特性，是产品质量检验标准中一项基本技术要求和合格品判断依据，外观包括颜色、状态和气味三个方面，一般要求是"清澈透明均匀流体"等，由目测做出判断。

油品的颜色，可以反映其基础油的精制程度和稳定性。精制程度较深的基础油，油中含的氮、氧、硫化合物以及胶质沥青质脱出得干净，颜色较浅。但是，即使精制条件相同，不同油源和类属的原油所生产的基础油，其颜色也可能不同。在基础油中加入添加剂后，颜色也会发生变化，颜色作为判断油品精制程度高低的指标已失去了它原来的意义。

对于在用或储运过程中的油品，通过比较其颜色的历次测定结果，可以大致地估量其氧化、变质和受污染的情况。如颜色变深，除了受深色油污染的可能外，油品也可能发生了氧化变质，因为胶质有很强的着色力，重芳香烃有较深的颜色；假如外观变成乳浊状态，则表明油品中有水或气泡的存在等。

润滑油的色度，除用视觉直接观察（即目测）外，在实验室中，我国采用 GB 6540—1986《石油产品颜色测定法》进行测试。

GB 6540—1986 参照采用 ASTM D1500—1982 标准，适用于各种润滑油、煤油、柴油和石油蜡等石油产品的色度测试。采用带有玻璃颜色标准板的比色仪进行测定，玻璃颜色标准从 0.5 到 8.0 排列，共分 16 个色号，色号越大，表示颜色越深。将试样注入比色管内，开启一个标准光源，旋转标准色盘转动手轮，同时从观察目镜中观察比较，以相等的色号作为该试样的色号。如果试样颜色找不到确切匹配的颜色，而落在两个标准颜色之间，则报告两个颜色中较高的一个颜色，并在该色号前面加上"小于"两字。

## 9.2 润滑油的密度与相对密度

密度是润滑油最简单最常用的物理性质指标,它既是质量控制参数,也是计量控制参数。密度是指在规定温度下,单位体积内所含物质的质量,用符号 $\rho_t$ 表示,单位为 $kg/m^3$。在不同温度下,密度会发生变化,一般润滑油的密度常用某一规定温度下的密度来表示,我国规定石油及石油产品在 20℃时的密度($\rho_{20}$)为其标准密度,在其他温度下测得的密度值,应换算为标准密度。

相对密度是指物质在给定温度下(如 20℃)的密度与 4℃时纯水密度的比值,用 $d$ 表示,我国常用的相对密度是 $d_{20}$,量纲为 1。

润滑油是由基础油和添加剂组成的,基础油是各种烃类的混合物,芳香烃的密度最大,烷烃的密度最小,环烷烃居中。另外,添加剂加剂量较大对成品润滑油也有一定影响。因此,根据密度在某种程度上可以初步判断油品的类型和成分。

我国测定石油产品密度的方法主要有密度计法、比重瓶法和 U 形振动管法三种。

密度计法:GB/T 1884—2000《原油和液体石油产品密度实验室测定法(密度计法)》,等效采用 ISO 3675:1998《原油和液体石油产品密度实验室测定法(密度计法)》,利用阿基米德原理,即当被石油密度计所排开的液体重量等于密度计本身的重量时,则密度计处于平衡状态,稳定地漂浮在液体石油产品中,如此便可以从密度计上的刻度读出其密度值。该方法是经典的石油产品密度测量方法,因费用低、操作简便而被普遍应用,缺点是样品用量大、清洗麻烦、易受外界环境因素干扰。

比重瓶法：GB/T 13377—2010《原油和液体或固体石油产品 密度或相对密度的测定 毛细管塞比重瓶和带刻度双毛细管比重瓶法》，修改采用 ISO 3838—2004《原油和液体或固体石油产品 密度或相对密度的测定 毛细管塞比重瓶和带刻度双毛细管比重瓶法》。毛细管塞比重瓶是一种瓶颈上刻有标线及塞子上带有毛细管的瓶子，共有三种型号。其中防护帽型比重瓶适用于测定高挥发性液体试样的密度（如汽油），这种比重瓶可用于测定温度低于实验室温度的试样；盖-卢塞克比重瓶适用于除高黏度外的非挥发性液体（如润滑油）；广口型比重瓶适用于较黏稠液体或固体（如重油）。盖-卢塞克比重瓶和广口型比重瓶均不适用于测定温度远低于实验室温度的情况，这是因为称量时的膨胀通过毛细管可造成损失。根据密度的定义，试验规定在20℃下进行，先测定该比重瓶被水充满时水的质量（即为其水值），然后再测定它被石油产品充满时同体积石油产品的质量，最后通过公式计算即可得到该石油产品在 20℃下的密度。测试过程需严格控制测试温度，比重瓶的洗涤、称重等操作较为麻烦，整个测试过程耗时长，一般情况下仅用于固体石油产品和一些深色、高黏度的重质石油产品的密度测定。

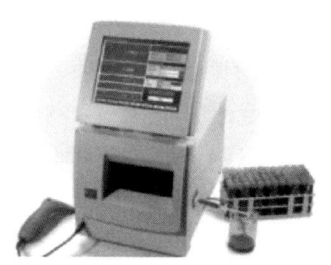

U 形振动管法：SH/T 0604—2000《原油和石油产品密度测定法（U 形振动管法）》，等效采用 ISO 12185：1996

《原油和石油产品密度测定法——U形振动管法》。仅需将少量样品（一般少于1mL）注入控制温度的U形振动管中，记录振动频率或周期，用事先得到的U形振动管常数计算试样的密度。该方法是近年来发展起来的新型自动测试方法，用样量少、测定快速简捷、便于清洗，获得了广泛应用。

## 9.3 润滑油的黏度与黏度指数

黏度是润滑油流动性能的主要技术指标。绝大多数的润滑油是根据其黏度大小来划分牌号的，黏度是各种机械设备选油、用油和换油的主要依据。黏度的度量方法分为绝对黏度和相对黏度两大类，绝对黏度分为动力黏度和运动黏度；相对黏度也称为条件黏度，包括恩氏黏度、赛氏黏度和雷氏黏度。

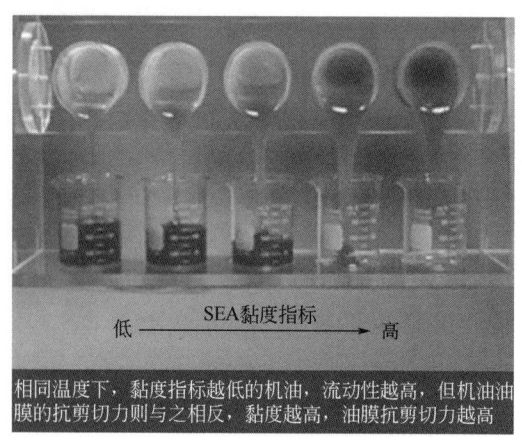

相同温度下，黏度指标越低的机油，流动性越高，但机油油膜的抗剪切力则与之相反，黏度越高，油膜抗剪切力越高

润滑油行业中，最为常用的是运动黏度，它是流体在重力作用下流动阻力的度量。运动黏度通常采用经典的毛细管黏度计法进行测定，即在某一恒定的温度下，测定一定体积的流体在重力作用下流过检定好的毛细管黏度计的时间，再乘以毛细管黏度计常数，即为该温度下流体的运动黏度。在日常生活中可以通过观察其流动性来区分黏度大小，同一温度下，流动性越好，其运动黏度越小，反之流动性越差，运动黏度越大。

很多汽修厂的技师和老板一般都会认为，润滑油的运动黏度低，对发动机的保护不好。如果对一款润滑油不满意，他们就会评价说：瞧你的润滑油，像水一样。言外之意，就是润滑油运动黏度大的才好。其实这种认识是存在很大的误区的。一方面，同样两款润滑油，室温下黏度小的并不代表高温下（发动机活塞环—气缸壁温度）黏度也小，这里边涉及黏度随温度变化的因素，黏度随温度变化小的，也就是黏度指数高的润滑油要好；另一方面，黏度要与发动机的设计和制造水平相匹配，随着设计制造水平的提高，趋向于低黏度化，如SAE20、SAE16，以达到更好的节能效果。

润滑油的最大作用是减少发动机的摩擦，虽然润滑油的黏度越大，各运动机件摩擦表面间的油膜越厚，油膜强度越高，有利于防止摩擦表面的磨损，但随之摩擦阻力也增大，动力损失增加。另外，润滑油的黏度受温度变化的影响，温度越低，黏度越大；反之，温度越高，黏度越小。在冷车状态下启动发动机，会发现发动机的怠速高，这是因为冷车润滑油的黏度大，为克服发动机运转阻力、防止熄火，发动机ECU（电子控制单元）会加大喷油量。等到润滑油温度上升、润滑油黏度下降后，发动机的怠速才能正常。因此，发动机润滑油的黏度不是越大越好，而是应在保证润滑的条件下，尽量选用黏度小的润滑油，低黏度化是节油的措施之一。有资料表明，合理范围内润滑油黏度降低1cst，大约节约燃料1.5%。

只有科学选择合理运动黏度的润滑油，才能保证发动机稳定可靠地工作。同时，对于在用润滑油，运动黏度也是油品劣化的重要报警指标。在用油发生氧化或被高黏度物质污染，运动黏度会显著增高；被燃油或低黏度物质污染，运动黏度会显著降低。

人们常说，设备的润滑油液就如同人的血液，那么润滑油液的运动黏度大小就如同血液的黏稠度，为了设备的健康，请关注润滑油的黏度。

黏度指数是国际上广泛采用的控制润滑油黏温性能的质

量指标，是表示油品黏度随温度变化特性的一个约定量值，用符号 $VI$ 表示。黏度指数越高，表示油品黏度受温度的影响越小，其黏温性能越好，反之越差。润滑油的黏温性能主要取决于它的化学组成，即取决于油品所含的直链烃、支链烃、环烃、芳香烃和沥青质胶质的结构和组成比例。

黏度指数是将润滑油试样与一种黏温性较好（黏度指数为100）及另一种黏温性较差（黏度指数为0）的标准油进行比较，而得出表示润滑油黏度受温度影响变化程度的相对数值。对于工作温度变化范围较大的润滑油，若其黏温性能不好，会对机械的功率和摩擦部位的磨损产生很大影响。石油产品的黏度指数（$VI$）可通过 GB/T 1995—1998《石油产品黏度指数计算法》（计算法）或 GB/T 2541—1981《石油产品黏度指数算表》（查表法）得到。

计算法是根据润滑油的40℃运动黏度（$U$）和100℃运动黏度（$Y$）按相应的公式计算其黏度指数，包括方法A和方法B。方法A适用于黏度指数≤100的石油产品；方法B适用于黏度指数≥100的石油产品。根据试样100℃运动黏度值的范围，通过查表或计算得到相应的值，代入黏度指数计算公式计算得到黏度指数。

方法A：

$$VI = [(L-U)/(L-H)] \times 100 \qquad (9.1)$$

式中　$L$——与试样100℃运动黏度相同，黏度指数为0的油品在40℃时的运动黏度，$mm^2/s$；

　　　$H$——与试样40℃运动黏度相同，黏度指数为100的油品在40℃时的运动黏度，$mm^2/s$。

方法B：

$$VI = \{[(\text{antilog}N) - 1]/0.00715\} + 100 \qquad (9.2)$$

$$N = (\log H - \log U)/\log Y \qquad (9.3)$$

式中　$H$——与试样100℃运动黏度相同，黏度指数为100的油品在40℃时的运动黏度，$mm^2/s$。

查表法是根据润滑油已知的 40℃ 运动黏度和 100℃ 运动黏度，直接查表得到该油品的黏度指数。还可通过已知油品的黏度指数和 100℃ 运动黏度，查表得到其 40℃ 运动黏度值。

计算法 GB/T 1995—1998 等效采用 ASTM D2270—1993，采标程度高；查表法 GB/T 2541—1981 直接查表，方便简捷。这两种方法都已普遍用于润滑油产品黏度指数的检测。

## 9.4 润滑油的闪点和燃点

闪点是指在规定条件下,加热油品所逸出的蒸气和空气组成的混合物与火焰接触发生瞬间闪火时油品的最低温度。在闪点温度下,只能使油蒸气与空气所组成的混合物燃烧,而不能使油品燃烧。这是因为在闪点温度下油品蒸发速度慢,蒸气混合物很快烧完,来不及产生持续燃烧所需的新蒸气,燃烧即停止。因此闪点相当于加热油品使空气中油蒸气浓度达到爆炸下限时的温度,也就是说油品通常在爆炸下限时闪火。

闪点是表示油品挥发性的一项指标。从油品闪点可判断其馏分组成的轻重,油品的馏分越轻,挥发性越大,其闪点也越低。反之,油品的馏分越重,挥发性越小,其闪点也越高。同时,闪点又是表示石油产品着火危险性的指标。油品的危险等级是根据闪点划分的,闪点在45℃以下为易燃品,45℃以上为可燃品。在黏度相同的情况下,闪点越高越好。

燃点是石油产品在规定的条件下,加热到接触火焰能够点燃并燃烧不少于5s的最低温度。燃点也是油品的安全性能指标,用开口杯法测定。对不同的油品来说,闪点越高,其燃点也越高;对同一种油品来说,燃点一般比闪点高20~60℃。

根据石油产品性质、使用及测定条件的不同,闪点的测定分为闭口杯法和开口杯法两种。GB/T 261—2008《闪点的测定 宾斯基-马丁闭口杯法》修改采用 ISO 2719:2002,通常适用于测定汽柴油、变压器油等挥发性较大的轻质石油产品的闪点;GB/T 267—1988《石油产品闪点与燃点测定法(开口杯

法）》和 GB/T 3536—2008《石油产品闪点和燃点的测定 克利夫兰开口杯法》适用于测定润滑油和深色石油产品的闪点和燃点。GB/T 267—1988 参照采用苏联标准制订，用于测定润滑油和深色石油产品；GB/T 3536—2008 修改采用 ISO 2592：2000，在润滑油及相关产品标准制定中，常作为仲裁方法，使用该方法测定石油产品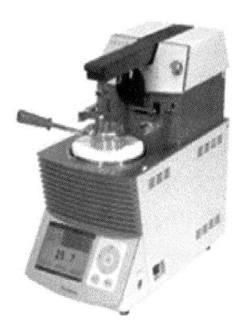的闪点和燃点时，不适用于测定燃料油和开口闪点低于 79℃ 的石油产品。

对于某些润滑油来说，同时测定开口闪点和闭口闪点，可作为油品中是否含有少量低沸点混入物的评价指标，用于生产检查或在用油的燃油稀释。对于同一种润滑油，通常开口闪点要比闭口闪点高 20~30℃。对电器用油和航空润滑油等在密闭容器中使用的润滑油，用开口杯法测定时，可能发现不了易于蒸发的轻质组分的存在，这些轻质组分在密闭容器中与空气混合后，有着火或爆炸的危险，所以要用闭口杯法进行测定。

## 9.5 润滑油的机械杂质与清洁度

石油产品的机械杂质是指存在于油品中所有不溶于汽油、苯或乙醇-乙醚（4∶1混合）、乙醇-苯（1∶4混合）等溶剂的沉淀物或胶状悬浮物。机械杂质来源于润滑油的生产、储存和使用中的外界污染或机械本身磨损，大部分是砂石、铁屑、尘土和积炭等，以及由添加剂带来的一些难溶于溶剂的有机金属盐类。

机械杂质是反映油品纯净性的质量指标。润滑油中的机械杂质，特别是能擦伤机械表面的坚硬固体颗粒，会增加发动机零件的磨损和堵塞滤油器。一般来讲，润滑油基础油的机械杂质都应该控制在0.005%（质量分数）以下。加入添加剂后成品润滑油的机械杂质一般都会有所增大，通常要求机械杂质不大于0.01%。对于一些加有大量添加剂的油品，机械杂质的指标表面上看是大了一些（如高档内燃机油），但主要是加入了多种添加剂后所引入的溶剂不溶物，这些胶状的金属有机物并不影响使用效果，所以不应简单地用"机械杂质"的大小去判断油品的好坏，而是应分析"机械杂质"的内容。

使用中的润滑油，除含有尘埃、砂土等杂质外，还含有炭渣、金属屑等。这些杂质在润滑油中集聚的多少随设备的使用情况而不同，对设备磨损的程度也不同，不能单独作为润滑油报废或换油的指标。

机械杂质的测定依据GB/T 511—2010《石油和石油产品及添加剂机械杂质测定法》，称取100g的试样加热到70~80℃，加入2~4倍的溶剂，在已恒重的滤纸上

过滤，用热溶剂洗净滤纸后再恒重，定量滤纸的前后质量之差，由此计算机械杂质的含量。

液压油、汽轮机油以及冷冻机油等油品对机械杂质含量是用清洁度来衡量的，常用的清洁度判断方法有两种，一种是 NAS 1638 标准，另一种是 ISO 4406 标准。NAS 1638—2011 清洁度标准是判断每 100mL 油液内的最大颗粒数，分为 5~15μm、15~25μm、25~50μm、50~100μm、100μm 以上 5 个计数尺寸段，按其中最高污染的尺寸段报告油品的清洁度等级。ISO 4406—1999 标准是判断 100mL 油液中 $\geq$4μm(c)、$\geq$6μm(c)、$\geq$14μm(c) 3 个尺寸范围的颗粒数，将颗粒数转换为等级或代码，代码每增加一级，颗粒数一般增加一倍。

我国修改采用 ISO 4406—1999 标准制定 GB/T 14039—2002《液压传动 油液固体颗粒污染等级代号》，结果报告由 3 个代码组成，第一个代码代表每毫升油液中颗粒尺寸 $\geq$4μm(c) 的颗粒数，第二个代码代表每毫升油液中颗粒尺寸 $\geq$6μm(c) 的颗粒数，第三个代码代表每毫升油液中颗粒尺寸 $\geq$14μm(c) 的颗粒数。报告时这 3 个代码按顺序书写，相互间用一条斜线分开，如 22/18/13。

## 9.6 润滑油的水分

润滑油含水,会造成油品的乳化和油膜破坏,降低润滑效果而增加磨损;还能促进机件腐蚀和加速油品氧化变质;也会使添加剂(尤其是金属盐类)发生乳化、沉降、分解而失效,产生沉淀、堵塞油路,妨碍润滑油的循环和供应。如果润滑油含水太多,而使用温度又接近冰点,会使润滑油流动性变差、黏温性变坏;若使用温度较高,水会汽化,不但破坏油膜而且产生气阻,影响润滑油的循环。对于变压器油,水的存在会使介电损失角急剧增大,耐电压性能急剧下降,以至于引起事故。所以说,水分是润滑油最重要的性能指标之一。

石油产品有一定的吸水性,能从大气或与水接触时,吸收和溶解一部分水,要把这类极少的溶解水完全除去比较困难,因此除了航空油料和电器绝缘用油外,一般油品允许含有少量的水,水分应小于0.03%。

测定石油产品水分的方法较多,可以根据油品的种类和含水量的多少,选择相应的试验方法。最常用的方法是GB/T 260—2016《石油产品水含量的测定 蒸馏法》,利用蒸馏的原理,将一定量的试样和无水溶剂混合,在规定的仪器中进行蒸馏,溶剂和水一起蒸发出并冷凝在一个接收器中不断分离,由于水的密度比溶剂大,水便沉淀在接收器的下部,溶剂返回蒸馏瓶进行回流。随着不断地蒸馏,水分不断被溶剂携带出来,沉降到接收器下部。根据试样的用量和蒸发出水分的体积,计算

出试样中水的含量，作为测定结果。当水的含量小于 0.03% 时，报告"痕迹"；如果接收器中没有水，报告"无"。

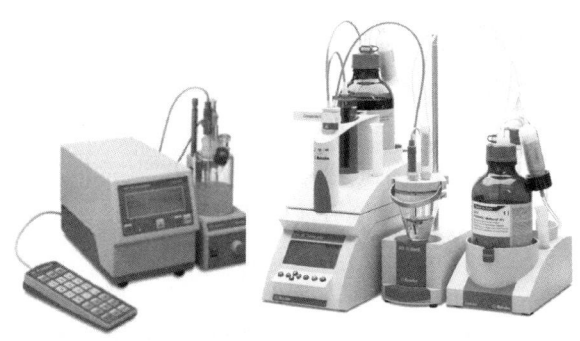

石油和石油产品中的微量水通常采用 GB/T 11133—2015《石油产品、润滑油和添加剂中水含量的测定 卡尔费休库仑滴定法》测定，包括电量法和容量法，这两种方法原理一样，只不过判断终点的方法不同而已。按照经典的卡尔·费休反应，卡氏试剂中的碘与试样中的水反应生成硫酸吡啶，硫酸吡啶再进一步与甲醇反应生成甲基硫酸吡啶。反应终点通过双铂电极指示，根据消耗的卡氏试剂体积，计算出试样的含水量。

## 9.7 润滑油的残炭与灰分

油品在规定的条件下,受热蒸发和燃烧后形成的焦黑色残留物称为残炭,以质量分数表示,主要是油品中沥青质、胶质及多环芳香烃的叠合物。残炭是表明润滑油中胶状物质和不稳定化合物含量的间接指标,也是矿物润滑油基础油精制深浅程度的标志。精制较浅的基础油中含胶质、沥青质较多,残炭就高;精制深的基础油残炭就低。

许多成品润滑油都加入了含金属、硫、磷、氮等元素的添加剂,它们的残炭值很高,残炭测定已失去本来意义,一般仅控制其基础油的残炭,而不控制成品油的残炭。但对于空气压缩机油,残炭值是影响积炭倾向的主要因素之一,残炭值越高,其积炭倾向越大,在压缩机气缸、排气阀座上的积炭就越多,在高温下容易发生爆炸。

残炭的测定方法有康氏法、微量法、电炉法和兰氏法四种。我国通常采用 GB 268—1987《石油产品残炭测定法(康氏法)》和 GB/T 17144—1997《石油产品残炭测定法(微量法)》,这两种方法对于残炭值大于 0.10% 的样品,其测定结果是等效的。

GB 268—1987 参照采用国际标准 ISO 6615:1983《石油产品残炭测定法(康氏法)》,把已称重的试样置于坩埚内,在康氏残炭测定仪中进行分解蒸馏。残余物经喷灯强烈加热一定时间即进行裂化和焦化反应。在规定的加热时间结束后,将盛有炭质残余物的坩埚置于干燥器内冷却并称重,计算残炭值(质量分数)。康氏法要严格控制预热期、燃烧期和强热期三个阶段的加热时间和加热强度,且火焰不易控制。

GB/T 17144—1997 等效采用国际标准 ISO 10370:1993《石油产品残炭测定法(微量法)》,其测定范围是

0.10%～0.30%（质量分数）。对于残炭值低于 0.10%（质量分数）由馏分油组成的石油产品，应先用 GB/T 6536—2010《石油产品常压蒸馏特性测定法》制备 10%（体积分数）的蒸余残留物，然后再用 GB/T 17144—1997 的方法进行测定。测试方法是将已称重的试样放入

一个样品管中，在惰性气体（氮气）气氛中，按规定的温度程序升温，将其加热到 500℃，在反应过程中生成的易挥发性物质由氮气带走，留下的炭质型残渣以占原样品的质量分数报告残炭值。微量法测定残炭是目前国际通用方法，被广泛采用，并逐渐替代电炉法和康氏法。

灰分是指在规定条件下，灼烧后剩下的不燃烧物质，其组成一般是一些金属氧化物及其盐类。灰分对于不同的油品具有不同的作用，对于基础油或不加添加剂的油品来说，灰分可用于判断油品受污染的程度；对于加有金属盐类添加剂的油品来说，灰分就成为添加剂加入量的指标。一般用硫酸盐灰分来代替灰分，试验方法为 GB/T 2433—2001《添加剂和含添加剂润滑油硫酸盐灰分测定法》，点燃试样并烧至只剩下灰分和碳为止，冷却后用硫酸处理残留物并在 775℃下加热，直到碳完全氧化并恒重，计算得出硫酸盐灰分的质量分数。

## 9.8 润滑油的酸值和碱值

润滑油的酸值是指中和 1g 石油产品中的酸性物质所需的氢氧化钾毫克数，单位用 mg KOH/g 表示，是表征油品中酸性物质总量的指标。润滑油中的酸性物质对机械部件都有一定程度的腐蚀性，特别是在有水分存在的条件下，其腐蚀性更大。另外，润滑油在储存和使用过程中被氧化变质，酸值也会逐渐变大，常用酸值变化大小来衡量润滑油的氧化安定性，因此酸值是油品质量指标中应严格控制的指标之一。对于在用油品，当酸值增大到一定数值时，应考虑换油。

测定酸值的方法分为两大类，一类是颜色指示剂法，即根据指示剂的颜色变化来确定滴定的终点。另一类为电位滴定法，即根据电位变化来确定滴定终点，主要用于指示剂呈现的滴定终点不明显的深色油品的酸值测定。

我国石油产品酸值的测定方法通常采用 GB/T 4945—2002《石油产品和润滑剂酸值和碱值测定法（颜色指示剂法）》和 GB/T 7304—2014《石油产品酸值的测定 电位滴定法》。GB/T 4945—2002 采用甲苯—异丙醇—水作滴定溶剂，由于溶剂极性强，提高了油品的溶解性，并且滴定终点指示明确，使得测定更为准确，其测试过程也简便、快捷。GB/T 7304—2014 和 GB/T 4945—2002 采用同一体系，只不过是终点判断采用电位突跃。GB 264《石油产品酸值测定法》俗称"热法酸值"，是用沸腾的乙醇抽提出试样中的酸性组分，然后用氢氧化钾乙醇溶液滴定，滴定温度和试样颜色对此方法的准确性影响较大，并且因油品性能的提高，使其配方日益复杂，此方法已无法满足要求，现已很少使用。

润滑油的碱值是指中和 1g 试样中全部碱性组分所需酸的量，单位是 mg KOH/g，是表征油品中碱性组分的指标。碱值是内燃机油的重要质量指标之一，可间接表示其所含清净分散剂的多少。内燃机油在使用过程中,监测其碱值的变化,可以反映出润滑油中添加剂的消耗情况。

石油产品的碱值测定可按 SH/T 0251—1993《石油产品碱值测定法(高氯酸电位滴定法)》和 SH/T 0688—2000《石油产品和润滑剂碱值测定法(电位滴定法)》,但两种方法测定的结果没有必然关联。SH/T 0251—1993 以石油醚—冰乙酸为溶剂,用 0.1mol/L 浓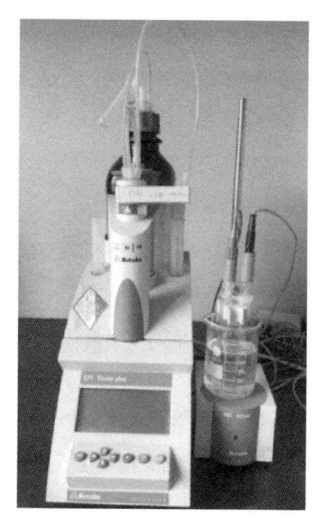度的高氯酸冰乙酸标准溶液进行非水滴定来测定石油产品和添加剂中碱性组分的含量;SH/T 0688—2000 以甲苯、异丙醇、三氯甲烷和微量水组成混合溶剂,用 0.1mol/L 浓度的盐酸异丙醇标准溶液进行滴定来测定石油产品和润滑剂中碱性组分的含量,适用于测定碱值小于 70mg KOH/g 的石油产品和润滑剂,也可用于测定大于 70mg KOH/g 的碱值,但精密度未做考察。

# 10 润滑基础油及其应用

润滑油通常由基础油和添加剂两部分组成。添加剂可弥补和改善基础油性能方面的不足，或赋予某些新的性能，发挥重要的补充作用。基础油就像它的名称一样，是润滑油的基础，一般占到润滑油组分的90%上下，决定着润滑油的基本性质，也是润滑油添加剂的载体。润滑基础油总体可以分为矿物油和合成油两大类型，矿物基础油从石油馏分中提炼而成，合成基础油则是通过分子设计而得，它们各自的组成和分子结构决定了不同应用场合与价值。

本章阐述了润滑油销售使用者所关心，与基础油相关的各维度技术和应用问题。

## 10.1 润滑基础油的历史演化及组成结构

基础油在润滑油中的含量占 70%~99%。它不仅是功能添加剂的载体，更是满足润滑油性能要求的重要组分，并且对润滑油性能的贡献率随规格的升级换代而不断增加。

公元前 1400 年，牛油或羊油就被用作战车车轴的润滑剂。此后的近 3000 年间，动物油脂仍是主要的润滑剂，例如鲸鱼油等陆续被用作润滑剂。直到 19 世纪 50 年代，原油和来自原油的基础油才陆续得到应用，20 世纪 20 年代汽车的发展提出了高性能润滑剂的需求，原油被切割为轻、中、重不同黏度的窄馏分，用作内燃机的润滑。初期的发动机油不含添加剂，全都是没有经过任何精制处理的基础油，一般 1000km 左右就必须更换。

20 世纪 30 年代，酸处理、溶剂精制等基础油精制工艺陆续出现，基础油的性质得到提升。基础油中的芳香烃含量通过溶剂抽提而降低，抗氧化性能得到提升；通过溶剂脱蜡降低基础油的倾点，改善了润滑油的低温性能。此后数十年，基础油的精制工艺保持稳定，润滑油的性质提升主要得益于加入不同添加剂，抗氧抗磨及清净分散添加剂的加入延长了发动机油的换油期，黏度指数改进剂的加入使得冬夏通用的多级机油得以应用推广。

20世纪60年代末以来，加氢裂化生产基础油的工艺开始工业化。高温高压下引入氢气与基础油原料反应，脱除绝大部分的含硫、含氮化合物，使得芳香烃饱和，环烷烃开环，烷烃异构化，得到高饱和度、高黏度指数的基础油，同时得到清洁的柴油。1984年，雪弗隆率先将加氢裂化、催化脱蜡、加氢精制结合，形成全加氢路径生产基础油的精制工艺；1993年又开发出加氢异构技术，取代催化脱蜡工艺。

此后，以汽车工业为主的各行业对润滑油的性能需求不断提升，如发动机油延长换油期对低挥发性的需求，涡轮机油对延长氧化寿命的需求等。只有应用高质量的基础油和各种高性能添加剂复配，且经过大量的研究、试验、验证，才能满足设备制造商对润滑油的性能要求。

润滑油基础油一般含有$C_{20}$~$C_{40}$的烃分子。某些高黏度基础油的烃分子碳数甚至能达60~70个。最简单的链烷烃分子的同分异构体已达惊人的数量级，可见基础油的分子组成有多么复杂。但总体上基础油是由链烷烃、环烷烃和芳香烃三大类型碳结构，以及硫、氮、氧等杂原子化合物组成，一般以"族组成"的方法表征，即将相似化学结构的一类分子归结为某一族。

一是链烷烃：包含正构烷烃和异构烷烃。正构烷烃的黏度指数高，但是熔点也高，因此只有通过脱蜡工艺降低正构烷烃的含量才能使基础油具有适于应用的倾点。异构烷烃是指在正构烷烃的骨架上具有烷基侧链。异构烷烃具有黏度指数高、抗氧化性能好、倾点低的特点，因此是基础油的理想分子组成。聚α-烯烃（PAO）即是由化学合成的异构烷烃组成。

二是环烷烃：基础油中的环烷烃由一个或多个饱和6碳或5碳环组成，也可能是6碳和5碳的组合体。通过质谱对基础油的饱和组分进行分析，可以得到不同环数的环烷烃的含量。单环环烷烃是基础油的理想组分，3环以上的环烷烃的黏度指数和抗氧化性能较差。

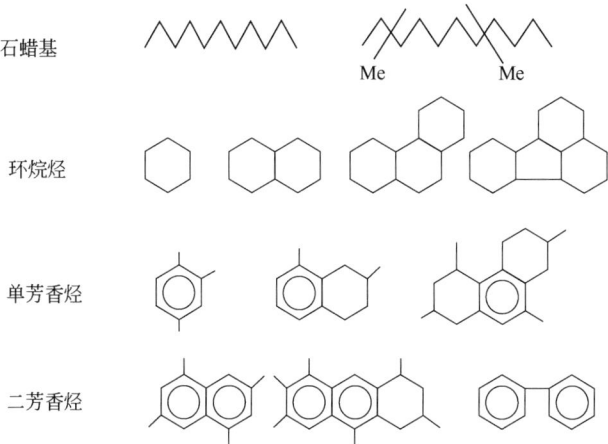

三是芳香烃：基础油的芳香烃由 1 个或多个芳香环组成。烷基苯的黏度指数和抗氧化性较好，而多环芳香烃是基础油的非理想组分，对黏温性能、抗氧化性能等基础油性质不利，对健康和环保也是有害的，应设法精制脱除。

四是硫、氮、氧化合物：加氢基础油的加氢处理过程脱除了绝大部分的含硫和含氮化合物，一般其硫含量和氮含量在 10mg/kg 及以下。研究表明，溶剂精制基础油存在一个最佳硫含量，即一定的硫含量对基础油的抗氧化性能是有益的。

## 10.2 润滑基础油的分类及六大理化性质

美国石油学会（API）于1993年把润滑油基础油区分为  5个类别，目的是研究和实现内燃机油的基础油互换，以便既保证润滑油性能，又降低配方开发成本，增强润滑油生产商的资源灵活性。其他应用领域，也参照了API的基础油分类，即依据硫含量、饱和烃、黏度指数。

Ⅰ类基础油由溶剂精制工艺生产，以物理过程为主，黏度指数为80~120，是较宽泛的范围，一般市场普遍接收的黏度指数指为95~105。

Ⅱ类基础油由加氢处理或加氢裂化工艺生产，饱和烃含量小于10%，大部分黏度指数为95~105。Ⅱ+不是API的正式分类，是经常出现的市场分类，黏度指数为110~119，具有较好的低挥发性。

**API 基础油分类**

| 分类 | 硫含量, % | | 饱和烃, % | 黏度指数 |
|---|---|---|---|---|
| Ⅰ | >0.03 | 和/或 | <90 | ≥80 至<120 |
| Ⅱ | ≤0.03 | 和 | ≥90 | ≥80 至<120 |
| Ⅱ+ | ≤0.03 | 和 | ≥90 | ≥110 至<120 |
| Ⅲ | ≤0.03 | 和 | ≥90 | ≥120 |
| Ⅲ+ | ≤0.03 | 和 | ≥90 | ≥130 至<150 |
| Ⅳ | 聚 α-烯烃 | | | |
| Ⅴ | Ⅰ~Ⅳ类以外的其他基础油 | | | |

Ⅲ类基础油一般由燃料型加氢裂化或蜡裂解工艺生产。Ⅲ+也是市场分类，不是API正式分类。

可见，石蜡基基础油包含在Ⅰ、Ⅱ、Ⅲ类基础油中，

PAO是Ⅳ类基础油,环烷基油、酯类油等合成油及其他任何未被前四类所包含的基础油都归属Ⅴ类油。

为满足润滑需求,基础油须满足一定的物理和化学性能指标,炼厂正是据此设定并调整工艺参数。一般来讲,基础油的理化性能至少包含外观和颜色、密度、黏度、黏度指数、闪点、倾点等六大指标。

(1)外观和颜色:一般外观要求澄清透亮,不能含有沉淀或混浊物。通常溶剂精制基础油呈淡琥珀色,直至深棕色,其色度可由ASTM D1500-12(2017)《石油产品ASTM颜色标准测定法》测定,分为1到8级,数字越大颜色越深。加氢基础油通常是水白色,其色度应根据ASTM D156-15《石油产品赛波特颜色测定法》测定赛波特(Saybolt)色度,分为0~30级,数字越大颜色越浅。

(2)密度:是基础油单位体积的质量,是基础油生产和交易定量的重要参数。一般而言,基础油的密度随黏度、芳香烃和环烷烃含量的增大而增大;随异构烷烃含量的增大、黏度指数的增大而减小。

(3)黏度:基础油的生产、销售和应用必须确定其40℃或100℃的运动黏度,以斯(cSt)为单位。基础油的黏度牌号仍延续历史习惯,以100℉的塞氏黏度(SUS)取整数确定,如100N、150N。一般而言,基础油黏度随馏分的增重而增大。

(4)黏度指数:即$VI$,是黏度随温度变化程度的度量。黏度指数越高,黏度对温度的变化越小。$VI$是根据40℃和100℃的运动黏度计算或查图得到,一般石蜡基基础油$VI$在95以上,环烷基基础油的$VI$可小至0及以下。在经济的精制深度下,溶剂精制基础油的$VI$很难达到105。加氢精制基础油的$VI$可以达到95~140,与原料的$VI$、加氢裂化深度、加氢脱蜡工艺等相关。

(5)闪点:在规定试验条件下,试验火焰引起试样蒸气着火，并使火焰蔓延至液体表面的最低温度，修正到101.3kPa大气压下。闪点反映了基础油蒸馏曲线前端的沸点分布情况。基础油的切割工艺越优、黏度指数越高，闪点也越高。基础油黏度相同，闪点越高越好。

（6）倾点：是测定特定条件下基础油失去流动性的温度。石蜡基基础油的倾点受脱蜡工艺的条件影响，一般为-12~-15℃。环烷基基础油蜡含量很低，倾点可达-30~-50℃。对光亮油等黏度极大的基础油，更可能的原因是倾点温度下黏度已足够大，试验条件下已观察不到样品的流动。倾点一般由ASTM D97-176《石油产品倾点测定法》测定，也有其他几个自动方法，如ASTM D5950-14《石油产品倾点测定法（自动倾斜法）》、ASTM D5949-16《石油产品倾点测定法（自动压力脉冲法)》、ASTM D5985-02（2014）《石油产品倾点测定法（旋转法)》、ASTM D6749-02（2018）《石油产品倾点测定法（自动空气压力法)》。

## 10.3 矿物基础油的生产工艺

可以生产润滑油的基础油，总体上可以分为矿物基和合成基两大类型。其中，矿物基础油，是从石油也就是原油中经过提炼精制得到的基础油。首先要把满足润滑需要的合适黏度的石油馏分通过分馏切割获得，如减压馏分油和减压渣油。这是加工润滑油基础油的原料，此后采用精制工艺进行加工，精制工艺分为溶剂精制工艺和加氢精制工艺。

溶剂精制、溶剂脱蜡、补充精制的组合工艺称为润滑油基础油的"老三套"加工工艺。溶剂精制是将减压馏分油或减压渣油中"坏的"组分通过溶剂抽提脱掉，而将"好的"组分保留，从而达到精制的目的，是物理过程。通过溶剂精制，减压馏分油的黏度指数增高，抗氧化性能提升。常用的精制溶剂有糠醛、甲基吡咯烷酮（NMP）等。溶剂精制工艺对原油质量要求较高，因为基础油中保留的"好的"组分必须是原料中本来就有的，只是通过精制被"浓缩"了。

溶剂脱蜡工艺是根据基础油产品的质量要求，将油料中的蜡组分减少至一定程度，从而使得产品的低温流动性或凝点达标，目的是保证润滑油在冬季或极冷地区可以使用。溶剂脱蜡是将油料与甲苯丁酮等溶剂混合，降低至一定温度后，通过过滤的方法脱除蜡晶。

国内白土精制和加氢补充精制工艺共存，国外主要是加氢补充精制工艺。白土精制是利用白土对润滑油中极性物质吸附强，对理想组分吸附极弱的特点，将经过精制和脱蜡的润滑油料中残留的少量胶质、沥青质、硫化物、氮化物、有机酸及微量溶剂、水分等有害物质吸附除去，使得油品颜色、安定性、机械杂质、水分、酸值、抗乳化性、安定性等理化指标满足质量要求。

加氢裂化、加氢异构脱蜡、加氢补充精制的组合工艺称为润滑油基础油的"全加氢"工艺。加氢工艺是通过加氢处理或加氢裂化将减压馏分油中"非理想"组分转化为"理想"组分，是化学过程。用加氢裂化工艺加工的基础油具有极低的芳香烃含量，几乎不含含硫和含氮化合物，因此对原油质量的依赖不像溶剂精制那么高。

加氢异构脱蜡是目前临氢降凝的主流技术。异构脱蜡是将正构烷烃异构化，得到异构烷烃，达到降低倾点的目的，满足润滑油在冬季或极冷地区使用，且仍保持较高的黏度指数。临氢降凝还包括催化脱蜡，是将正构烷烃或长链异构烷烃裂解为小分子烃类，达到脱蜡的目的，因此损失基础油的黏度指数和收率，目前基本被异构脱蜡取代。国外最具有代表性的润滑油基础油异构脱蜡成套技术是 Chevron 的 ISODEWAXING 技术和 ExxonMobil 的 MSDW 技术，目标是生产Ⅱ、Ⅲ类高档润滑油基础油。

加氢补充精制工艺的目的是在高压低温的条件下，进一步加氢以除去残留的少量稠环芳香烃，改善加氢基础油的光安定性，防止基础油受光照变色、生成沉淀。

## 10.4 PAO 基础油及其应用

合成基础油是通过化学合成方法得到，具有一定化学结构和特殊性能的润滑油基础油，主要包括聚 α-烯烃（PAO）、合成酯（POE）、聚醚（PAG）、烷基苯和硅油等，由于在黏温特性、低温流动性、润滑性能、蒸发损失及热氧化安定性等方面的卓越性能，可适用于高负荷、高转速、高真空、高能辐射和强氧化介质等环境，具有延长设备寿命与换油期，更为环保节能等突出特点而有着广泛的应用，特别是在军事、航天航空、高档轿车、高性能机械设备等使用条件极其苛刻的应用领域，具有矿物润滑油难以比拟的优越性。

**不同基础油的适用温度**

| 类型 | 使用环境，℃ | 极端低温，℃ | 间歇高温，℃ |
|---|---|---|---|
| 矿物油 | -18~130 | -30 | 190 |
| 聚 α-烯烃（PAO） | -45~160 | -60 | 270 |
| 烷基苯（AB） | -40~150 | -50 | 240 |
| 合成酯（POE） | -30~220 | -50 | 300 |
| 聚醚（PAG） | -35~200 | -55 | 250 |

其中，聚 α-烯烃（Polyalphaolefin，PAO），是应用最广和用量最大的合成基础油，约占65%的市场份额。PAO 是由 $C_6$~$C_{12}$ 线性 α-烯烃在催化剂作用下聚合，再通过加氢、蒸馏等工艺，获得的以三聚体、四聚体和五聚体为主要成分的一类比较规则的长链烷烃。

一般 PAO 基础油根据100℃运动黏度的不同，分为低黏度 PAO2、PAO4、PAO6 等，中黏度 PAO8、PAO10、PAO16、PAO20 等，高黏度 PAO40、PAO100、PAO150、PAO200 等，以及超高黏度 PAO1000 或 PAO1500。我国生产商主要有中国石油兰州、沈阳宏城和上海纳克等，国际上以美孚化学、英力士和雪弗隆等为主,也有 IDEMITSU、BP/Amoco 等公司。

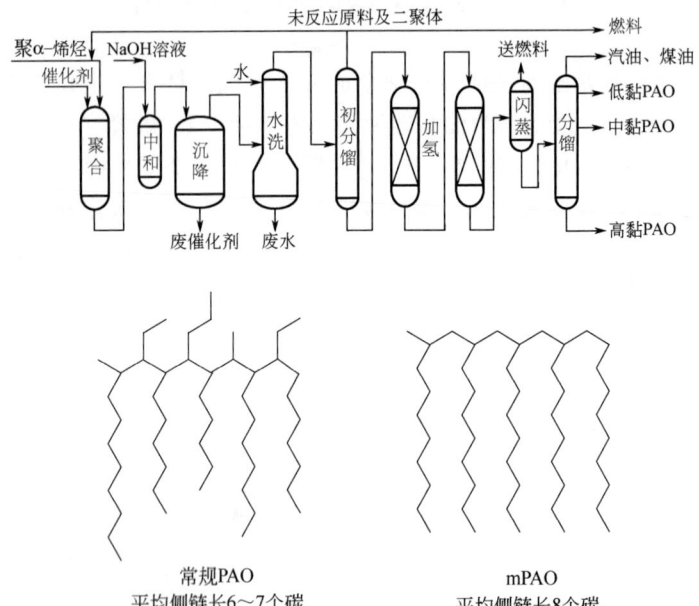

常规PAO
平均侧链长6~7个碳

mPAO
平均侧链长8个碳

采用茂金属催化工艺生产的新一代高黏度聚 α-烯烃称为 mPAO（Metallocene Polyalphaolefin），具有比传统 PAO 更加均一、整齐的梳状分子结构,具有更好的剪切稳定性、更低的蒸发损失、更低的倾点和较高的黏度指数。

**mPAO 典型理化数据**

| mPAO | mPAO65 | mPAO150 | mPAO300 |
|---|---|---|---|
| 运动黏度（100℃），$mm^2 \cdot s^{-1}$ | 65 | 156 | 300 |
| 运动黏度（40℃），$mm^2 \cdot s^{-1}$ | 614 | 1705 | 3100 |
| 运动黏度（-40℃），$mm^2 \cdot s^{-1}$ | 116000 | 356000 | / |
| 黏度指数 | 179 | 206 | 241 |
| 倾点，℃ | -42 | -33 | -27 |
| 蒸发损失，% | 2.1 | 1.4 | 1.0 |

按照美国石油学会 API 分类,聚 α-烯烃属于Ⅳ类基础油,具有稳定的组成结构,不含环烃、芳香烃和胶质。具有优异的氧化安定性,对抗氧剂的感受性好,加入少量胺类抗氧剂,即可获得优异的氧化安定性;良好的黏温性能和低温流动性,例如 PAO 的倾点可以达到-65℃、黏度指数可高达 140 等;蒸发损失小,比相同黏度的矿物油挥发性低;水解安定性好;毒性低于矿物油,白油能达到食品级规格要求,是优异的高品质润滑油基础油。PAO 广泛应用于高档内燃机油、齿轮油、传动油、空气压缩机和冷冻机及润滑脂等五大领域,在 0W 发动机油、75W 齿轮油、自动传动液(ATF)、低温液压油及其他对低温黏度要求高的油品中应用极广。

**各类基础油的典型理化数据**

| 项目 | Group Ⅰ | Group Ⅱ | Group Ⅲ | (GTL)Ⅲ+ | Group Ⅳ |
|---|---|---|---|---|---|
| KV@100℃,$mm^2 \cdot s^{-1}$ | 4.04 | 4.16 | 4.18 | 4.00 | 3.8~4.1 |
| 黏度指数 | 95 | 103 | 129 | 143 | 124 |
| 倾点,℃ | -12 | -15 | -21 | -24 | -65 |
| CCS(-25℃),$mPa \cdot s$ | 1720 | 1364 | 736 | 550 | 490 |
| Noack 蒸发损失,% | 35.5 | 27.1 | 14.8 | 10.0 | 14.0 |
| 烷烃,% | 22.5 | 29.8 | 61.6 | 100 | 100 |

一是发动机油。从数量上来说,发动机油是合成油及 PAO 最大的市场,占 70%~90%。在合成或半合成的发动机油中所用的合成油主要以 PAO4 为主,以 PAO2、PAO6、PAO10、PAO40 为辅,主要用于 0W-XX 和 5W-XX 牌号油品,也部分用于 10W-XX 和 15W-XX 油品的生产。与Ⅲ类基础油相比,低黏度 PAO 的倾点和低温动力黏度低,具有更优异的低温流动性能,调制的合成内燃机油低温性能好,可在严寒区应用;高温性能更好,可满足现代车辆高温、高负荷的要求;黏温性能好,可减少黏度指数改进剂的用量,以减少亮红灯风险,保护发动机在持续高温下正常运转;润

滑性好，减少摩擦磨损，燃油消耗低，并延长车辆使用寿命；蒸发损失小，润滑油消耗低。

二是齿轮油。PAO合成齿轮油的优势在于低温性能好、节能、温升小，可减少齿轮的磨损，延长齿轮寿命；抗氧化性能好，可延长换油期，减少润滑油的消耗。低温及大跨度车辆齿轮油需要使用PAO作为基础油，在满足低温性能的同时，可避免黏度指数改进剂的使用，从而保证剪切稳定性，例如75W/90、75W/80、80W/140甚至75W/140等。工业齿轮油中，广泛使用PAO40和PAO100以及更高黏度的PAO基础油，超高黏度PAO产品以低比例调入工业油，与常规PAO、酯类和矿物油混合使用，可平衡润滑油的黏度、剪切稳定性和低温性。由于PAO黏度指数高，可以减少增黏剂用量。目前，还没有找到一种经济可行的替代品，能够在增稠高等级齿轮油中替代PAO，以提高油品的黏度指数并保持剪切稳定性。

寒冷地区及严寒地区冬季野外作业的液压系统要在-25℃、甚至在-40℃下能顺利启动，要求使用合成或半合成液压油。矿物油的倾点一般在-12℃左右，PAO具有较低的倾点及很好的低温流动性和可泵送性，以PAO或者PAO与矿物油混合的低温液压油可在-45℃下直接启动；高黏度指数使PAO在极度低温或高温的工况条件下，都能保持较为稳定的黏度。

三是传动液。高性能的汽车自动传动液（ATF）一般都需要低黏度PAO。ATF须具备液压油、齿轮油、离合器冷却液的各种性能，即良好的黏温性能、适宜的高温黏度、优良的低温流动性、剪切安定性、热氧化安定性。PAO较高的黏度指数、优良的高低温性能，可以少加或者不加黏度指数改进剂，以确保ATF的高、低温黏度要求，从而获得较好的剪切安定性。

四是压缩机和冷冻机油。空气压缩机在各个领域应用非常广泛。用于空气压缩机的润滑油主要有矿物油、酯类油及PAO，价格虽比矿物油高，但具有较好的热安定性、氧化安定性、水解安定性，使用寿命长，消耗量小，可以得到较好的综合效益。另外，PAO也是深冷制冷压缩机油合成型或半合成产品的主要基础油。

五是润滑脂。PAO作为宽温度范围、多效通用润滑脂的基础油，具有比矿物油润滑脂好得多的高、低温性能，可在寒冷地区、严寒地区使用；可以作为高转速、低转矩仪器仪表润滑脂的基础油；以中高黏度PAO为基础油配制的润滑脂还广泛用于各种中、重负荷的设备润滑。与其他合成基础油（如酯类油）相比，PAO作为润滑脂的基础油对稠化剂的选择更广泛，生产工艺更加简单。此外，以PAO为基础油的润滑脂可用于与食品接触的场合。

## 10.5 POE 基础油及其应用

合成酯（POE）是开发应用最早的一类合成基础油，是由有机酸与醇在催化剂作用下酯化脱水得到，黏度指数、抗氧化性和高低温性能等综合性能较好，按照美国石油学会 API 分类，属于 V 类基础油。一般用作润滑油基础油的合成酯主要有双酯、芳香酯、多元醇酯、复酯和聚酯。

酯化反应为可逆反应，工业生产中为保证反应在较短时间内和较低的能耗下完成，一般都是在催化剂作用下进行，且往往使反应物中某一组分原料过量。酯化后的产物中含有过量的未反应的酸或醇，反应不完全的部分酯化产物及催化剂等，需要经过精制处理后才能作为润滑基础油，否则电气性能、低温性能和热氧化安定性能等均不理想。合成酯基础油的生产一般包括催化酯化、减压蒸馏和粗酯精制等工艺。

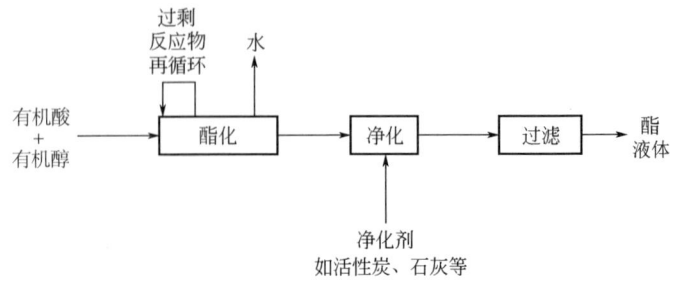

合成酯只含有碳、氢、氧元素，不含有矿物基础油所含的不稳定杂质；由酸和醇合成，可提供灵活的分子结构设计；酯基的存在，分子呈极性，对添加剂的相容性优于 PAO 及矿物基础油。

合成酯的性质与其结构特点密切相关，自身结构的对称性越高，所形成酯的倾点也高；混合酸酯的倾点比单一酸酯混合物的倾点低；同一类型的酯，随相对分子质量的增加，低温黏度变大,蒸发损失变小;酯的类型对酯的蒸发损失有较大影响,一般来说,新戊基多元醇酯的蒸发损失比二元酸酯的低20%~30%。

**不同类型合成酯的生物降解性典型值**

| 生物降解性 | OECD 301B (20d), % | CEC L 33A 93 (21d), % |
|---|---|---|
| 单酯 | 30~90 | 70~100 |
| 双酯 | 10~80 | 70~100 |
| 苯二甲酸酯 | 5~70 | 40~100 |
| 偏苯三酸酯 | 0~40 | 0~70 |
| 直链多元醇酯 | 50~90 | 80~100 |
| 支链多元醇酯 | 0~40 | 0~40 |
| 复酯 | 60~90 | 70~100 |

合成酯基础油总体上具有六大特点:一是良好的摩擦特性,其分子中高活性的酯基团可以吸附在金属表面,形成牢固的润滑剂膜;二是低温流动性好;三是热氧化安定性好,特别是新戊基多元醇酯(阻化酯),不含β碳的氢原子,具有良好的热稳定性和氧化安定性;四是毒性低,可生物降解,是环境友好型润滑油的主要基础油;五是添加剂感受性好,对添加剂溶解能力较强,避免油泥析出,经常配合PAO使用;六是低挥发性,组分物质均为低挥发性和非挥发性有机化合物,常用于航空等苛刻润滑。但是,酯类油也存水解安定性差、容易溶胀密封材料及涂料等问题,在使用中需要注意。

**合成酯与PAO复配对摩擦系数和成膜性的改善**

| 试 验 油 | 摩擦系数 | 成膜性, % |
|---|---|---|
| PAO2 | 0.230 | 14 |
| PAO2+20%酯 | 0.115 | 70 |
| PAO4 | 0.157 | 20 |
| PAO4+20%酯 | 0.102 | 85 |

酯的极性使其在金属表面形成一个稳定的膜，能在极端条件下提高油品的润滑性，在 PAO 中加入酯类油能显著减小摩擦系数。同时，酯的极性还有助于增加添加剂和油中初级氧化产物及油泥的溶解度，避免油泥生成和析出。此外，由于聚 α-烯烃有使橡胶密封材料收缩的特性，而酯可以使橡胶密封材料膨胀，并可使橡胶密封材料保持密封稳定的状态，弥补了聚 α-烯烃的不足，在合成或半合成内燃机油、齿轮油、工业用油等油品中，多为聚 α-烯烃和酯并用。

合成酯因其良好的高、低温性能，高的氧化安定性，低残炭，好的抗乳化能力及与添加剂良好的配伍性能和生物降解性能而成为高性能润滑油脂的主要基础油之一。在航空燃气涡轮发动机油、精密仪器仪表油、合成压缩机和冷冻机油、内燃机油、高温链条油、液压油、金属加工液、难燃变压器油及合成润滑脂等九大领域得到广泛应用。

一是航空燃气涡轮发动机油。随着航空燃气涡轮发动机性能的不断提高，发动机润滑系统温度不断升高，润滑油工作时间延长，要求润滑油具有耐高温、耐高速、耐重负荷、长寿命、热氧化稳定性高等特点，喷气发动机润滑油几乎全部为酯类油。

二是精密仪器仪表油。精密机械的特点是尺寸很小，摩擦部件滑动速度通常小于 0.05mm/min，比压又相当大，流体润滑条件往往不能形成，因此润滑剂必须适应混合膜润滑和边界润滑的要求，要求润滑剂能保持在所要求润滑的点上。在航天工业中，使用的自动仪表和设备要求在 -40 ~ 120℃ 温度范围内工作，期望的寿命为连续使用 10 ~ 20 年。这就要求精密机械润滑剂具有良好的黏温性能，低蒸发率，液滴黏附性好，有相当高的表面张力，良好的抗氧化安定性及与金属非金属材料的相容性，酯类油占据着主导地位。

三是合成压缩机和冷冻机油。以结构紧凑、高效节能为特点的旋转式压缩机的出现，对压缩机油的热氧化安定性提出了更高的要求。往复式压缩机采用矿物油润滑，曾因出口处积炭而引起爆炸着火的事故。合成酯型压缩机油具有热氧化安定性好、积炭少、黏温性好、操作温度宽、磨损少、使用寿命长等特点。

由于与 R134a、R410A、R407C、R32 等新型制冷剂有着很好的相容性，POE 型合成冷冻机油成为以 HFCs（混合冷媒）类环保冷媒为制冷工质的首选润滑油，适用于对电绝缘性能、相容性能、热化学稳定性能要求较为苛刻的全封闭式、半封闭式、开式制冷压缩机，主要包括工业机组、冰箱压缩机、空调压缩机、汽车空调压缩机。多元醇酯冷冻机油的主要优势有：出色的高、低温性能；天然的润滑性（酯类油的分子结构中含有较高活性的酯基基团，易于吸附在金属表面形成牢固的润滑油膜，具有较好的润滑性能）；与 HFC 和 HCFC 出色的混溶性；与 MO（矿物基础油）、PAO、AB（烷基苯）、PAG 互溶，替换时无须清洗；可生物降解。

四是内燃机油。酯类油具有优良的高、低温性能，黏度指数高，氧化安定性好，对添加剂和发动机在高温下工作产生的油泥有良好的溶解能力，因此将其用作内燃机油，具有良好的低温启动性、清净分散性、耗量少、使用寿命长等特点。在欧美使用合成内燃机油的汽车日渐增多，多半为酯类油与聚 α-烯烃油的调和产品，或将酯类油掺和矿物油制成半合成油，能改善内燃机油各方面的性能，成本比纯合成油低，具有较好的经济性。

五是高温链条油。新一代高温链条油以优质多元醇酯为基础油，添加耐高温的抗氧化、抗磨防锈等添加剂，使用温度可达 250~300℃，具有突出的耐高温抗氧化性、润滑安全、不结焦、使用寿命长等特点，广泛用于纺织、汽车制造、陶瓷、玻璃、塑料成膜、玻璃纤维及食品加工等工业设备的传动系统润滑。

六是液压油。合成酯良好的生物降解性使其在环保产品中获得了广泛的应用,液压油占的比重最大。由于多元醇酯闪点高、抗燃性好、黏度指数高、使用温度范围宽、使用压力可达40MPa,制成的难燃液压油适用于钢铁连铸生产线系统和高炉、热轧、铸造、电站、煤矿等要求抗燃设备的液压系统,可替代有毒性的磷酸酯型抗燃液压油。

七是金属加工液。在金属加工中,酯类油是最合适的"微量液体润滑"加工用油。合成酯在金属加工液中的应用是伴随着环保法规对于生物降解性能以及安全环保的要求而快速发展起来的,合成酯自身的低腐蚀性、良好的润滑性等也是其能够率先在有色金属加工过程中得到应用,并长久以来无法被完全替代的重要原因。在金属加工过程中,合成酯不但提供了液体润滑所具有的缓冲作用,而且提供了边界润滑所具有的强化学黏着力,又能象EP(极压剂)一样提供良好的极压润滑性能。

八是难燃变压器油。常见的难燃型变压器油主要有硅油、合成酯和植物油。其中,硅油性能优异但难降解;植物油燃点高、成本低,但变压器运行可靠性较差;合成酯综合性能良好,且兼具防火和环保特性,已逐渐成为铁路电力机车等难燃变压器油的首选。

九是合成润滑脂。宽温度范围和极低温使用的润滑脂的性能主要取决于基础油,以矿物油作基础油的润滑脂一般不可能满足-60℃以下和150℃以上的使用要求。由于合成酯类油具有良好的耐热氧化性能、优良的高低温性能、高黏度指数、低蒸发损失和良好的生物降解性,使其合成的润滑脂不仅具有很宽使用范围和很长寿命,更使合成润滑脂具有不可取代的特性,被应用于低噪声润滑脂、环境友好润滑脂及一些特殊场合,尤其适用于低温及高温润滑脂。

## 10.6　PAG 基础油及其应用

PAG（Polyalkylene Glycol），即聚醚，在美国石油协会 API 分类中也属于Ⅴ类润滑基础油，它是由环氧乙烷、环氧丙烷、环氧丁烷或四氢呋喃聚合而得的线性聚合物。

根据聚合原料和结构的不同，PAG 可分为水溶性、水不溶性和油溶性三种。PAG 的主要生产商有 Dow 和 BASF 公司。

PAG 的主要特性：(1) 极低的摩擦系数和优异的润滑性能；(2) 极高的黏度指数，宽广的使用温度范围；(3) 凝点低，低温流动性好；(4) 完全燃烧，几乎不产生残渣、胶质，防止油泥的形成；(5) 低毒性和可生物降解性。除此以外，与其他合成基础油相比，聚醚的热氧化稳定性并不优越，在氧化的作用下聚醚容易断链，生产低分子的羰基化合物，在高温下迅速挥发。

**PAG 的应用领域及优点**

| 应用 | 优点 |
| --- | --- |
| 空气压缩机润滑剂 | 少油泥、高黏度指数、长寿命、易抵抗水和污染物 |

续表

| 应用 | 优点 |
| --- | --- |
| 天然气螺杆式压缩机润滑剂 | 对天然气溶解性低,热稳定性好,减少金属疲劳磨损 |
| 氨气压缩机润滑剂 | 改善润滑性、与氨气的可溶性,强化蒸发器的热量传递 |
| 齿轮润滑剂 | 极低的摩擦系数、提高使用寿命、节能环保 |
| 液压系统润滑剂 | 更长的使用寿命、可生物降解、阻燃 |
| 纺织工业润滑剂 | 提高布料的耐洗性和可洗性 |
| 钻孔润滑液 | 与水相容,与润滑脂不兼容 |
| 钢缆润滑剂 | 可生物降解、无光泽、高表面张力 |
| 金属加工液 | 优异的润滑性和水溶性 |
| 高温涡轮润滑剂 | 极少的油泥和沉积物产生 |

## 10.7 废润滑油及其再生技术

废矿物油（简称废油）是指从石油、煤炭、油页岩中提取和精炼，在开采、加工和使用过程中，由于外在因素作用导致改变了原有的物理和化学性能，不能继续被使用的矿物油。如机动车、工具、机械设备维修保养及工矿企业等在生产经营中产生的各种机油、废柴油、废齿轮油、废液压油等，根据《国家危险废物名录（2018版）》规定属于危险废物，代号为HW08。

废润滑油是废矿物油重要的组成部分，它一方面污染危害更大，但又是最具再生利用潜力的社会资源。废润滑油对土壤和水的污染严重，1L废油可以造成$100\times10^4$L水体的污染。规范收集、再生处理废油具有显著的环保和经济效益。废润滑油中可再生基础油的比例在80%以上，再生工艺的生产能耗显著低于从原油中提炼基础油，成本要显著低于原油提炼加工。以意大利为例，其每年消费基础油约$40\times10^4$t，其中再生基础油已达约$13\times10^4$t/a，较好地实现了润滑油的环保"闭环"，非常值得借鉴。中国进口基础油约$250\times10^4$t/a，使用再生基础油能降低进口资源依存度。

（1）废润滑油的来源及再生技术路线。

产生废油的领域相当广泛，按来源和收集渠道可以粗略分为交通运输废油和工业废油两大部分，它们在废油中所占的比重分别约为55%和45%。在交通运输方面主要包括汽车、机车、船舶、航空器等；而工业废油主要来源于大型工矿企业，包括矿山、冶金、有色金属加工、汽车制造、机械加工等。

废润滑油形成的原因多种多样，大致有五个主要原因：一是被外来杂质污染。润滑油在使用过程中，由于系统和机器外壳封闭不严，灰尘、砂砾侵入油中，或者被各种机械杂质污染，如金属屑末、纤维物质等。二是吸水。机械设备的润滑系统、液压传动系统或水冷却装置不够严密，使水分流入矿物油中，形成油水混合物；空气中的水分也能被矿物油吸收。三是热分解。当矿物油和机械设备在高温下接触时，矿物油会发生热分解，产生胶质和积炭，从而油品变质。四是氧化。矿物油在使用过程中发生高温氧化和催化氧化等氧化反应，生成酸类和稠环芳香烃等化合物，使油品变质。五是燃油稀释。主要指内燃机润滑油，由于部分燃油没有完全燃烧而渗入润滑油中，使润滑油失去原有的润滑特性，变质失效。

废润滑油，一般可以采用物理、化学等方法进行再精炼，脱除和转化废油中的水分、机械杂质、灰分、胶质以及重金属化合物等非理想组分，获得符合相应标准要求的润滑油基础油，称为再生基础油。生产再生基础油的活动在国内危废处置行业称为"废矿物油综合利用"，在生产工艺技术上主要分为预处理、蒸馏分离和精制处理等三个模块，其中蒸馏与精制的前后顺序可以有不同的组合。

（2）废润滑油预处理。

废润滑油的预处理，一般主要是沉降、闪蒸两者之一或组合。预处理看上去技术含量不高，有些企业以为可有可无并不重视，其实它的设计和运行到位是废润滑油再生真正的核心之一。

沉降预处理，通常采用加热自然沉降的方法，处理废油中存在的大量固体颗粒物，如磨损下来的金属微粒、燃烧生成的炭粒、灰尘及其他来源的机械杂质等。这些固体颗粒物分散在废油中，特别是发动机油中的清净分散添加剂，非常有效地保持着这些固体颗粒物的分散状态。加热废油时，热处理作用破坏了清净分散剂之后，这些悬浮的固体杂质就沉淀在塔板、填料、炉管及加氢反应床上，造成堵塞，影响了生产操作，必须对废油进行沉降预处理，才能保证后续装置的连续运转。行业内通常采用的方式是加热进行自然沉降脱水、脱杂,或加入一定量的絮凝剂进行强化除杂。

闪蒸主要去除废润滑油中可能残存的轻质燃油组分、裂解成分,包括可能混入的一些轻质化工组分,以改善后续蒸馏和精制的设计和运行。

(3) 蒸馏分离。

蒸馏分离的具体实现方法较多,有釜式蒸馏、减压精馏、分子蒸馏、薄膜蒸发等,各有优缺点。蒸馏的原理非常清楚,但因为废润滑油组分复杂,行业内还没有完全针对废矿物油物料的成熟有效、能够长周期运行的设计,仍需要结合实际开发新的应用技术,满足废矿物油综合利用的需求。

釜式蒸馏就是所谓的土式炼油炉,通常包含置于炉体上的卧式釜或立式釜、导气管、冷凝器、冷却器、阻火器、油水分离器等。其特点是:① 间歇式操作。②能耗高,热效率低。③废油受热时间长,油品简单裂化,油品质量低。④直接明火加热,火灾、爆炸风险高。⑤收率低,污染物排放多。⑥常压蒸馏。⑦通常生产劣质汽油、柴油燃料。由于釜式蒸馏二次污染严重,资源利用率差,安全隐患高,产品质量低下,是国家生态环境部明令禁止使用的工艺技术。

**不同蒸馏分离工艺的特点**

| 工艺 | 技术优点 | 技术缺点 |
|---|---|---|
| 釜式蒸馏 | 操作简单,投资小(几十万元) | 工艺落后、产品质量差、收率低、污染严重、存在安全隐患 |
| 管式炉+减压精馏 | 处理量相对较大,可生产出基础油 | 炉管易结焦、真空度低、温度高、收率低、产品质量差 |
| 分子蒸馏 | 真空度高,温度低,油品高温停留时间短,质量好 | 设计加工难度大、操作条件不好控制、产品质量难控制,尤其不适用于较大规模生产 |
| 薄膜蒸发 | 熔盐、导热油加热,高温停留时间短,不易产生二次反应 | 操作条件不易控制、产品质量不稳定 |

减压精馏是石油化工行业经典的工艺技术，原理比较成熟，但是由于物料特性完全不同于原油，废矿物油直接采用减压精馏工艺技术，容易出现加热炉温度过高、炉管结焦、产品收率低、质量差等实际问题，并不非常适用。

分子蒸馏是近年来开发出的新技术，来源于医药精细加工，由于操作条件不好控制，对于废润滑油的再生处理，小规模尚可，大规模装置设计及生产还不稳定，效果波动很大。

薄膜蒸发采用熔盐或导热油加热，高温停留时间短，不易产生二次反应，是较好的废润滑油再生技术，但操作要求高，工艺条件不好控制。

（4）精制处理。

废矿物油的精制，在外观上要改善颜色和气味，实质上要去除润滑油使用中的降解产物等不理想组分，提高油品抗氧化性、破乳化性等内在质量指标。废矿物油的精制工艺技术，主要有酸碱精制、溶剂精制、吸附精制和加氢精制。其中酸碱精制应该淘汰，溶剂精制仍将有相当的市场，而加氢精制工艺与其他处置工艺相比，不产生废渣、酸水、废气等环境问题，基础油质量好、收率高，特别是需要处理的废物很少是其显著优势，是国际上通用的清洁生产工艺。但是，该技术的使用设备较昂贵，一次性投资较大，所以国内很多企业望而却步。

① 酸碱精制。酸洗是利用浓硫酸的强氧化性，在一定条件下可以和油品中的含氧、含硫、含氮化合物发生氧化、硫化、酯化和溶解作用，生成沉淀。硫酸对油品中的沥青和胶质主要起溶解作用，对油品中各种悬浮的固体杂质起凝聚作用，基本上不会破坏油中的理想组分，但是可以去除其中的沥青和胶质等杂质。经酸洗后的油品呈酸性，在实际生产中常采用碱洗的方法来处理酸性油。这就是常说的酸碱精

制。该精制方法产生一定量的酸渣和碱渣，且油品质量较差，是行业内禁止使用的工艺方法。

② 溶剂精制是指利用溶剂对废矿物油中的理想组分和非理想组分选择性的不同，除去废矿物油中的非理想组分。废矿物油溶剂精制所采用的溶剂很多，常见的有丙烷、糠醛、N-甲基吡咯烷酮等，该工艺会产生一定量的废有机溶剂，同时能耗较高，收率较低，但一次投入小，需要配套条件少，容易实现。

丙烷在常温常压下为气体，因此丙烷装置操作压力通常保持在 4MPa 左右，丙烷相对分子质量较小，它对相对分子质量较大的有机物不能溶解，但能溶解润滑油馏分及更轻的馏分。当其与废油混合时，能将废油中的高分子添加剂、氧化缩合产物、胶质、沥青质等大分子和极性物质沉淀析出，而将润滑油馏分溶解在丙烷中，丙烷挥发后就得到丙烷精制油。

糠醛精制可以改善油品的黏温性能，降低残炭值和酸值，提高油品的抗氧化安定性和影响油品颜色。废油中含有的表面活性物质在糠醛精制时容易产生乳化，使两相分相困难，界面模糊，需要对废油进行溶剂脱沥青或者蒸馏，降低废矿物油的灰分到 0.02% 以下，再进入糠醛精制工艺。糠醛精制的不足之处主要表现在三个方面：一是达到一定的精制深度，糠醛用量大，从而使溶剂回收的能耗高；二是纯糠醛精制所得到的精制油收率比较低；三是纯糠醛精制对油品中的碱性氮和环烷酸等抽提深度不够，加重了后续工序的负荷，导致生产成本的增加。

N-甲基吡咯烷酮（NMP）是一种具有较高溶解能力、优良选择性、毒性很小的溶剂，精制工艺具有产品质量好、收率高等特点，在润滑油溶剂精制中有较大的优越性。NMP 精制的原理与糠醛精制原理类似，发达国家中 NMP 精制在溶剂精制中占很大比例。NMP 精制相对于糠醛精制，具有对极性物质溶解度好、溶剂消耗低、抽提温度低、可利用低温位热源等特点，但存在着价格较贵、会分解产生酸性物质引起设备腐蚀、脱氮能力较差等缺点。在实际生产中，由于溶剂氧化分解和水解生成酸性产物，以及所处理原料中含有较多环烷酸，溶剂回收系统特别是抽出液回收系统管线和设备经常发生较为严重的腐蚀。

③ 吸附精制是再生基础油的最后一道工艺，在润滑油的精制中所采用的吸附剂有白土、氧化铝、活性炭，甚至废弃的催化裂化催化剂等，能够脱除废油中存在的胶质、酸类、脂类、含氮化合物等不理想的组分，降低油品的色度并脱臭。目前，白土精制占废油吸附精制的绝大多数，方式有接触精制和渗滤精制两种。接触精制是最常用的吸附精制方法，是将一定量的活性白土投入一定温度的废油中，在选定的温度下搅拌 30~90min，然后用沉降、离心、过滤等方法将废白土与精制油分离。由于接触精制设备简单、操作简单易行，被广泛应用于润滑油的补充精制。渗滤精制是使用颗粒状吸附剂填充在吸附柱中，将废油通过吸附柱从而获得精制油，吸附剂直径应在 0.5mm 左右，最大不超过 10mm。粒径大的吸附剂，床层阻力小，但是精制作用下降。渗滤精制的设备比接触精制庞大复杂，而且吸附剂床层再生很麻烦，在废油再生中的应用有限。

白土精制最大缺点是产生大量的含油废渣，需要送到有资质的处置单位处置，通常采用的处置方式是焚烧，这在一定程度上增大了企业的运行成本和社会环境成本。

④ 加氢精制是在一定的压力、温度、氢气和催化剂等条件下，将废油中的氮、氧、硫等有害的物质转变为氨、水以及硫化氢，从而将这些杂质除去，还能使烯烃、二烯烃、部分芳香烃加氢达到饱和。加氢精制作为无污染再生精制工艺的代表，近年来在废润滑油再生中也得到了广泛应用。

经过预处理后的废油依然含有多种氧化物，主要以羟基酸、羧酸酯类、醛酮类为主。这类含氧化合物加氢难度最低，经过加氢反应并伴随着缩合开环、脱烷基异构化等反应，最终形成相应的烃类。而废油中含量较高的饱和烃、芳香烃，在加氢条件下一般不发生反应；而废油中存在的少量烯烃，则在加氢过程发生加成反应生成相应的饱和烃。随废润滑油种类及添加剂的不同，废油可能还含有含硫化合物、含氮化合物、氯烃等其他化合物。这些化合物在加氢后，形成相应的烃、硫化物、氮化物及氯化氢。目前，废润滑油加氢工艺包括加氢处理、临氢降凝及后精制、补充精制三种工艺过程及产品分馏过程，可以饱和芳香烃，改善油品的黏温性能和氧化安定性。

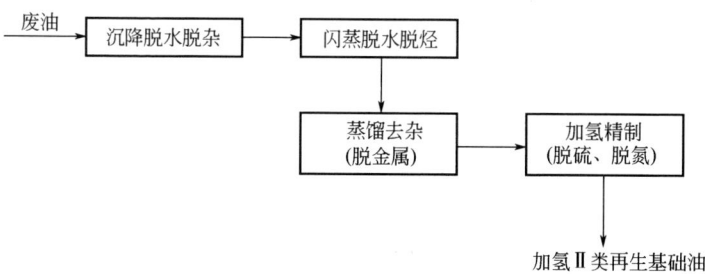

## 10.8 再生基础油的应用

再生润滑油的目的是为了应用,根据 API 1509 的原则,再生以后的基础油只要经过评价达到 API Ⅰ类、Ⅱ类、或Ⅲ类基础油标准,就可以与新基础油一样用于润滑油配方中,并不需要特别声明。

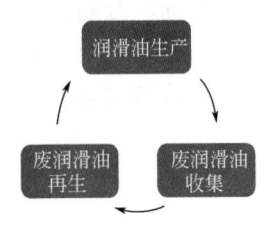

收集得到的废油通过沉降预处理、蒸馏前处理、精制后处理等工序脱除杂质、水、燃料、添加剂残留物等污染物,除去残留的含硫、含氮等化合物,即可得到再生基础油。润滑油厂商将再生基础油和复合添加剂调和即可得到再生润滑油,使得润滑油可以获得全生命周期的闭环循环使用。

再生润滑油与从原油直接炼制的基础油所调和的润滑油具有同样优秀的质量,因为它们也通过了相同的测试,如高低温、抗磨损、抗氧化、防锈蚀等性能测试,满足相同的质量标准。新车或新发动机对使用机油的 API 等级有规定,只要使用满足要求的 API 认证的润滑油,无论是再生润滑油还是原油基润滑油都不会影响质保协议,都能对发动机提供可靠的保护。例如,福特、通用、奔驰、克莱斯勒、康明斯等汽车商明确表示使用再生润滑油不影响质保。奔驰汽车已逐步推进在其装车油中使用再生润滑油。

近年来,我国对再生基础油的研究与应用也取得了一定的工作进展。中国物资再生协会再生油专业委员会于 2018 年 6 月,发布了 T/CRRA 0901—2018《再生润滑油基础油》标准,以 API 基础油类型划分原则为基础,规定了废油经过再精炼获得的Ⅰ类、Ⅱ类再生润滑油基础油及再生尾油的技术要求。该标准主要指标设置,参照了国内流行的中国石油和中国石化新基础油标准。以40℃运动黏度为基础，划分为R-Ⅰ-75、R-Ⅰ-100、R-Ⅰ-150、R-Ⅰ-200、R-Ⅰ-250、R-Ⅰ-350SN等再生Ⅰ类基础油牌号，以黏度指数为主区分为合格品和优级品，规定了色度、黏度、黏度指数、闪点、倾点、旋转氧弹、酸值等技术指标，并要求报告密度、硫、氮、碱性氮、灰分等数值，在倾点等一些指标上比新油有所放宽。以100℃运动黏度为基础划分了R-Ⅱ-2、R-Ⅱ-4、R-Ⅱ-5、R-Ⅱ-6、R-Ⅱ-8、R-Ⅱ-10等再生Ⅱ类基础油牌号，以黏度指数为主区分为合格品和优级品，为生产和应用方奠定了可以进行沟通协商的共同技术基础。

# 参 考 文 献

[1] 杨俊杰，周洪澍，等.设备润滑技术与管理.北京：中国计划出版社，2008.

[2] 杨俊杰，周亚斌，等.油液监测技术.北京：石油工业出版社，2009.

[3] 杨俊杰，伏喜胜，翟月奎，等.润滑油脂及其添加剂.北京：石油工业出版社，2011.

[4] 孙元宝，邱贞慧.中美Ⅰ型航空润滑油 GJB 135A 与 MIL-PRF-7808L 对比分析.山东化工，2017，46（18）：82-83.

[5] 宗营，姜旭峰，冯丹.石油基航空润滑油抗氧剂种类和抗氧化机理.化工时刊，2016，30（9）：27-30.

[6] 彭显才，费逸伟，姚婷，等.航空润滑油关键性使用指标分析.化工时刊，2016，30（4）：36-40.

[7] 李静，徐小红，杨俊杰.KAJ780 燃气涡轮航空润滑油的研制.润滑油，2017，32（5）：18-22.

[8] 柳丽霞.电力机车主变压器油的质量要求及其处理方法.内蒙古科技与经济，2019（11）：102-104.

[9] H. J. Wang, Sh. J. Ma, H. M. Yu, etc. Thermal Conductivity of Transformer Oil From 253 K to 363 K. Petroleum Science and Technology, 2014 (32): 2143–2150.

[10] S. V. 库卡尼.变压器工程：设计、技术与诊断.北京：机械工业出版社，2016.

[11] 孙建锋，葛睿，郑力，等. 2010 年国家电网安全运行情况分析. 中国电力，2011，44（5）：1-4.

[12] 李剑，姚舒瀚，杜斌，等.植物绝缘油及其应用研究关键问题分析与展望.高电压技术，2015，41（2）：353-363.

[13] 王继龙,衣家文.变压器油的选择.变压器,2005,42(4):27-28.

[14] 马书杰,张玲俊,杨俊杰.变压器油的正确选择与使用[J].变压器,2003,40(10):12-16.

[15] 傅铁军,王健,钟俊涛,等.直流输电±800kV换流变压器的绝缘结构分析.变压器,2009,46(3):1-5.

[16] 常浩,樊纪超.特高压直流输电系统成套设计及其国产化.电网技术,2006,30(16):1-5.

[17] 路长柏.电力变压器绝缘技术.哈尔滨:哈尔滨工业大学出版社,1997.

[18] 于会民,张绮,张培恒.变压器油氧化安定性快速评定方法的建立与应用.石油炼制与化工,2014,45(3):88-92.

[19] 李茂生.水基金属加工液一些重要平衡关系的探讨.润滑与密封,2004,(02):74-78.

[20] 刘长期,李茂生.金属加工油液用基础油的合理选择.润滑与密封,2009,34(5):94-98.

[21] 李茂生.绿色金属加工用油的开发与发展趋势.机床与液压,2003,(06):13-16.

[22] 刘丰,王金刚.金属切削加工中切削液的选用和维护.科技创新与应用,2014,(03):72.

[23] 李茂生.金属加工液的开发应用与评价方法.润滑与密封,2010,(11):123-127.

[24] 秦鹤年,纪杰领.不锈钢轧制油的性能与应用.石油商技,1999,(01):21-23.

[25] 陈志忠,尤龙刚,火鹏飞,等.液压支架用乳化油HFAE15-3的研究.润滑油,2018,(02):7-10.

[26] 秦鹤年.乳化型轧制液的质量标准研究.润滑油,2003,(03):50-54.

[27] 刘功德,崔光淑,郝杰,等.高温链条油的研制与应

用.润滑油,2009,(01):37-41.
- [28] 秦鹤年,罗宇.冷轧钢板轧制乳化液的研制.润滑与密封,2009,(08):79-83.
- [29] 朱廷彬.润滑脂技术大全.北京:中国石化出版社,2015.
- [30] 杨俊杰,杨晓钧,等.润滑脂及其应用.北京:石油工业出版社,2018.